书话点将录

王成玉 著

文汇出版社

图书在版编目(CIP)数据

书话点将录 / 王成玉著. —— 上海：文汇出版社，2017.7

(开卷书坊. 第六辑)

ISBN 978-7-5496-2121-7

Ⅰ.①书… Ⅱ.①王… Ⅲ.①书评—文化史—研究—中国 Ⅳ.①G256.4-092

中国版本图书馆 CIP 数据核字(2017)第 120910 号

书话点将录

作　　者 /	王成玉
策　　划 /	宁孜勤
主　　编 /	董宁文
责任编辑 /	鲍广丽
装帧设计 /	观止堂＿未　氓
出 版 人 /	桂国强
出版发行 /	文汇出版社
	上海市威海路 755 号
	(邮政编码 200041)
经　　销 /	全国新华书店
照　　排 /	南京理工大学资产经营有限公司
印　　刷 /	上海宝山译文印刷厂
版　　次 /	2017 年 8 月第 1 版
印　　次 /	2017 年 8 月第 1 次印刷
开　　本 /	880×1230　1/32
字　　数 /	200 千
印　　张 /	9.375

ISBN 978-7-5496-2121-7
定　　价 / 38.00 元

例　言

一、名"书话点将录"者，以人为纲，旨在梳理书话史上有贡献有影响的人物以及各种现象。

二、因书话概念和定义至今仍是众说纷纭，各执己见，本书以唐弢书话为正宗以明旨趣，并兼及各家。

三、以传统"点将录"为体，先论其人，次述其文和书话观，略加评点。顺次而下，以诗为结。

四、点将座次，依例而行。以书话文体为主，无分高下，重在写作实践及其影响。

五、所选人物，以大家名家为主，兼及普通读书人和部分刊物主编。要之，既要有个人风格，又要有所贡献，还要有一定影响。

六、全书分上编和下编。上编三十七人（加上旧头领一员），都为逝去之大家名家；下编七十二人，乃当今文坛作者。

七、本书不出注释，但引文中则尽量体现原作者对某一问题的完整看法。如有参差，责在本人。

八、限于学识和资料乃至个人爱好，入选人物，均以历年读书所见所闻为主，趣说各人风采，乃茶余饭后之闲话也。

序 一
王稼句

王成玉先生的《书话点将录》，从构想到起笔，从成稿到准备付梓，已有好几年了。这个选题，成玉与我说过，也在几家报纸上看到过一些。我的想法，也与他谈过，赞成他对书话作者的集体研究，但以"点将录"出之，我的想法有些不同。然而成玉既已写了，木已成舟，宁文也正积极筹措它的"出航"，让我来写点什么，自然无可推谢，只是恐怕搔不到痒处。

起题先说书话，在我看来，凡以书为话题的文章，都可归入这个范畴。唐弢先生在《晦庵书话序》里说："书话的散文因素需要包括一点事实，一点掌故，一点观点，一点抒情的气息；它给人以知识，也给人以艺术的享受。"我过去也将这几句话奉为圭臬，然而按实际得来的经验，好的书话，并不仅在那几个"因素"，唐弢的前辈和后辈，怀珠抱玉者大有人在，思想深邃，文字出色，标新立异，各自引领风骚。再说，书话作者大都各有胜业，他们将写书话作为余事，或多或少写下一点，唐弢《晦庵书话序》就说："只是在工作余暇，抽一支烟，喝一盅茶，随手写点什么，作为调剂精神、消除疲劳的一种方式。"就过去的情形来说，除了图书的职业推广者，大概很少有人专门写书话。因此，所谓"书话家"这顶桂冠，只是一个单项，在他们的学术构架中，有的占了份额，有的根本是可以忽略不计的。如今的情形有点不同，似有一些专门作者，学术背景比较复杂，这正是像成玉这样的书话研究者，需要去注意的现象。

再说"点将录"，它最早出现是在明天启四年（一六二四年），因魏忠贤迫害东林党人，阉党王绍徽按《水浒传》中晁盖和一百零八人的星名、诨号和职守，与东林党人的姓氏、官职一一对应，编成《东林点将录》一卷。《明史·王绍徽传》说："绍徽仿民间水浒传，编东林一百八人为点将录，献之，令按名黜汰，以是益为忠贤所喜。"此次"点将"，如南京户部尚书李三才为"东林开山元帅"，大学士叶向高、吏部尚书赵南星为"总兵部头领"，左谕德缪昌期、左都御史高攀龙为"掌管机密军师"，礼部员外郎顾大章为"协同参赞军务头领"等，其实就是一份"黑名单"，以此作为政治打击的工具。

至清嘉庆年间，舒位借鉴《东林点将录》这一特殊形式，编成《诗坛点将录》一卷，评论了与其同时代的一百多位诗人，化宦海党争之具，为词场评骘之资，比拟之工，措语之巧，令人轩渠绝倒。王汝玉《梵麓山房笔记》卷六说："舒铁云仿《东林点将录》为《诗坛点将录》，因游戏之笔未免略肆雌黄，故未明著姓氏。"光绪三十三年（一九〇七年），叶德辉将其定名《乾嘉诗坛点将录》，予以刊印。其体例与《东林点将录》有所不同，仅举诗人表字和水浒人物诨号相配，略去星名，另附评赞，虽是游戏之笔，比拟甚洽人意。如以沈德潜为托塔天王，袁枚为及时雨，毕沅为玉麒麟，蒋士铨为大刀，薛雪为神医等。评赞更是一语破的，深中肯綮。如赞智多星钱载云："远而望之幽修漏，熟而视之瘦透皱，不知者曰老学究。"赞神机军师法式善云："前有李茶陵，后有王新城，具体而微，应运而兴，在师中吉，张吾三军，其机如此不神之所以神。"赞青面兽张问陶云："殿前制使，将门子弟，可惜宝刀，用杀牛二。"都能揭其特质，指其得失，非唯有资谈助，亦有功于批评也。自此以后，点将录一体，遂成一代诗坛的集体检阅，用以考见当时风雅流变的大概。故晚近以来，汪辟疆有《光宣诗坛点将录》，范烟桥有《诗坛点将录》，钱仲联有《近百年诗坛点将录》等续作。

古人月旦之辞，向有以物象或人物来作比拟的。以物象作比的，如钟嵘《诗品》卷中说："谢诗如芙蓉出水，颜如错彩镂金。""范诗清便宛转，如流风回雪；丘诗点缀映媚，似落花依草。"以人物作比的，如张彦远《法书要录》卷二引袁昂《古今书评》："王右军书，如谢家子弟，纵复不端正者，爽爽有一种风气。王子敬书，如河洛间少年，虽有充悦，而举体沓拖，殊不可耐。羊欣书，如大家婢为夫人，虽处其位，而举止羞涩，终不似真。徐淮南书，如南冈士大夫，徒好尚风范，终不免寒乞。"赵与时《宾退录》卷二引张芸叟语："梅圣俞如深山道人，草衣木食，王公大人见之，不觉屈膝。"又引敕器之语："魏武帝如幽燕老将，气韵沈雄。曹子建如三河少年，风流自赏。"无论用物象作比，还是用人物作比，都很适宜，甚至比用其他文学语言更生动，更贴切。当水浒故事流行后，因水浒人物性格行止各异，也就可以借着评介群体人物，"点将录"就应运而生了。

"点将录"的关键是要比拟得当，与水浒人物对应，恰如其分。以《乾嘉诗坛点将录》为例，蓝居中《〈乾嘉诗坛点将录〉钞讫记后》说："取《水浒传》中一百八人，或揄扬才能，或借喻情性，或由技艺切其人，或因姓氏联其次，靡不褒溢于贬，亦复毁德于誉。苟能深悉录中人颠末者，读之未有不击节失笑也。"叶德辉《重刊诗坛点将录序》说："无名人传有《诗坛点将录》一书，乃以《水浒》一百八人配合头领。或肖其性情，或拟其行止，或举似其诗文经济，以人人易知者，如沈归愚之为托塔天王，袁子才之为及时雨，毕秋帆之为玉麒麟。始一展读，即足令人失笑。"又《重刻足本诗坛点将录叙》说："《诗坛点将录》，余幼从先世楹书中见之，当时不知为何物，但闻塾师云是乾嘉两朝诗人事迹耳。稍长，读《水浒》小说，见诸人绰号皆梁山盗名，意甚骇怪。又久之，得袁枚《随园诗话》、王昶《湖海诗传》、洪亮吉《北江诗话》、张维屏《国朝诗人征略》，略得诸人出处交际，始叹其比喻之工。"并以宁缺毋滥为原则,金毛犬、九尾龟、白日鼠、鼓上蚤,被称"隐姓埋名头领四员",阙如也,因无人可配。

成玉这本《书话点将录》,其实很难去做,一百零九人(含托塔天王)好找,难的地方,一是英雄排座次,二是比拟合情理。排座次的事,成玉有自己的想法,可以不去管它。合情理就不容易了,往往说不明白,为什么范用是活阎罗,谷林是病关索,来新夏是浪子?我于此是百思不得其解。虽然是游戏笔墨,然而趣味也就在这里,否则何必要去点什么将呢?话又说回来,成玉千辛万苦弄出这本《书话点将录》来,自然有它的价值,一是展现了近百年来书话作者的阵容,二是分别介绍了一百零九位书话作者,特别是七十二位"地煞星",成玉几乎都有交往,故文字的由来是第一手的,写得也各具风采,拿张岱的话来说,就是"梁山泊好汉,个个呵活,臻臻至至"。

"点将录"虽然是全面检阅,正面评介,但可能也会得罪人。《乾嘉诗坛点将录》点的将,都不知自己被点,九泉之下,自然无话可说。而汪辟疆《光宣诗坛点将录》问世后,陈衍就大为不乐,他以天罡自命,想不到放他在地煞的首座。夏承焘《天风阁学词日记》记陈衍与谈《点将录》以陈三立为宋江,"谓散原何足为宋江,几人学散原诗云云,言下有不满意"。这本《书话点将录》印出后,大概也不会太平。我想说的是,这"点将"本来就是玩玩的事,大可不必放在心上。

二〇一七年五月二十九日

序 二
万康平

王成玉先生的《书话点将录》终于要出版了,期盼已久,云霓化雨,真是一件令人高兴的事。

先生来电嘱我为《书话点将录》作序,不胜惶恐。与先生交,我属晚辈,岂敢班门弄斧?然先生不嫌后学浅陋,执意相邀。我明白,这是他对我的提携与鼓励,便心怀感念,捉笔效颦,谈谈先生写作这部点将录的缘起。

说起来应是二〇一三年,岁末与成玉先生有一次小聚。席间聊起胡文辉先生大著《现代学林点将录》,先生对此著赞慕不已。我便借机向先生建议,何不也撰一部《书话点将录》?

成玉先生一直钟爱书话。他的藏书，书话占了很大一部分，其中不乏绝版多年的珍品。对书话作为一种文体的关注和研究，他是一以贯之的。他倾心于梳理近百年来自叶德辉始，周作人、唐弢、黄裳等诸位前辈所开创和延续的书话传统，先后撰有《书话史随札》《书林伐山》《书话识小录》等专著。《书话史随札》已公开出版，影响颇大，学者赵普光因此称成玉先生是"第一位书话史的研究者"。惜乎《书林伐山》《书话识小录》二著仍完璧庋中，尚未付梓。

先生身居陋巷，所爱者唯书耳。寒来暑往，耕读不辍，写了大量书话，形成了自己特有的文白交融、朴实凝炼、言之有骨的书话文风，深得书话界的敬重。窃以为，先生撰写书话点将录，当属不二之选。

有这样一部书话著作出现，先生也是充满期待的，但他对自己动笔十分自谦。我说，时下写书话的多，研究书话的少，能顶着得罪人的风险梳理书话史料的，更少。先生深有同感，便说，那我就先吃螃蟹，试一试，当抛砖引玉吧。

没想到来年秋天，先生积思广益，点将成军，大稿撰成。为了听取各地书友的意见，先生曾将部分文稿放在一些读书报刊上连载，反响甚为热烈，乃至成为近几年民间读书界难得一见的热点话题。当然，也有书友对《点将录》提出了诚恳批评，这些真知灼见，无论对成玉先生的书话研究，还是对书话界本身，都大有裨益。

从《书话点将录》的录目来看，书话界真是英雄辈出，名家纷呈，特别是几位后起之秀，让人眼睛为之一亮。然而，茱萸遍插，却少一人，那就是成玉先生自己。先生当然是书话界的一员大将，他立足于书话一脉，注史立论，说文解字，至诚可钦，若不以座次论，堪称书话梁山第一百零九将。

诗曰：身居陋巷释书难，煮字成编慰暑寒。

莫笑细民能点将，梁山从此是琅嬛。

是为序。

二○一七年六月九日

目 录

上 编

旧头领一员　托塔天王晁盖·叶德辉…………… 3
一　天魁星呼保义宋江·唐弢 ………………… 5
二　天罡星玉麒麟卢俊义·阿英 ……………… 8
三　天机星智多星吴用·曹聚仁 ……………… 10
四　天闲星入云龙公孙胜·周作人 …………… 12
五　天勇星大刀关胜·黄裳 …………………… 14
六　天雄星豹子头林冲·周越然 ……………… 16
七　天猛星霹雳火秦明·鲁迅 ………………… 18
八　天威星双鞭呼延灼·郑振铎 ……………… 20
九　天英星小李广花荣·叶灵凤 ……………… 22
十　天贵星小旋风柴进·孙犁 ………………… 24
十一　天富星扑天雕李应·倪墨炎 …………… 26
十二　天满星美髯公朱仝·冯亦代 …………… 28
十三　天孤星花和尚鲁智深·赵家璧 ………… 30
十四　天伤星行者武松·梁永 ………………… 32
十五　天立星双枪将董平·施蛰存 …………… 35

十六	天捷星没羽箭张清・金性尧	37
十七	天暗星青面兽杨志・舒芜	40
十八	天祐星金枪手徐宁・王元化	43
十九	天空星急先锋索超・林语堂	45
二十	天速星神行太保戴宗・金克木	48
二十一	天异星赤发鬼刘唐・俞平伯	50
二十二	天杀星黑旋风李逵・李一氓	52
二十三	天微星九纹龙史进・陈原	54
二十四	天究星没遮拦穆弘・巴金	57
二十五	天退星插翅虎雷横・董鼎山	60
二十六	天寿星混江龙李俊・谢国桢	63
二十七	天剑星立地太岁阮小二・邓之诚	65
二十八	天竟星船火儿张横・谢兴尧	67
二十九	天罪星短命二郎阮小五・郁达夫	69
三十	天损星浪里白跳张顺・邓云乡	72
三十一	天败星活阎罗阮小七・范用	75
三十二	天牢星病关索杨雄・谷林	77
三十三	天慧星拼命三郎石秀・雷梦水	79
三十四	天暴星两头蛇解珍・吴德铎	81
三十五	天哭星双尾蝎解宝・吴小如	84
三十六	天巧星浪子燕青・来新夏	87

下 编

三十七	地魁星神机军师朱武·姜德明	91
三十八	地煞星镇三山黄信·钟叔河	94
三十九	地勇星病尉迟孙立·陈子善	97
四十	地杰星丑郡马宣赞·王稼句	100
四十一	地雄星井木犴郝思文·陈平原	103
四十二	地威星百胜将韩滔·龚明德	106
四十三	地英星天目将彭玘·徐雁	109
四十四	地奇星圣水将单廷珪·止庵	111
四十五	地猛星神火将魏定国·黄俊东	113
四十六	地文星圣手书生萧让·吴泰昌	115
四十七	地正星铁面孔目裴宣·杜渐	117
四十八	地阔星摩云金翅欧鹏·林真	119
四十九	地阖星火眼狻猊邓飞·董桥	122
五十	地强星锦毛虎燕顺·胡从经	125
五十一	地暗星锦豹子杨林·沈文冲	128
五十二	地轴星轰天雷凌振·朱金顺	131
五十三	地会星神算子蒋敬·罗文华	134
五十四	地佐星小温侯吕方·孙郁	137
五十五	地祐星赛仁贵郭盛·刘绪源	140
五十六	地灵星神医安道全·赵普光	142

五十七	地兽星紫髯伯皇甫端·流沙河	145
五十八	地微星矮脚虎王英·谢泳	147
五十九	地慧星一丈青扈三娘·扬之水	150
六十	地暴星丧门神鲍旭·谢其章	152
六十一	地然星混世魔王樊瑞·沈昌文	154
六十二	地猖星毛头星孔明·薛冰	156
六十三	地狂星独火星孔亮·赵国忠	158
六十四	地飞星八臂那吒项充·李长声	161
六十五	地走星飞天大圣李衮·钱定平	164
六十六	地巧星玉臂匠金大坚·周翼南	167
六十七	地明星铁笛仙马麟·高信	169
六十八	地进星出洞蛟童威·杨栋	172
六十九	地退星翻江蜃童猛·桑农	174
七十	地满星玉旛竿孟康·杨小洲	176
七十一	地遂星通臂猿侯健·胡洪侠	178
七十二	地周星跳涧虎陈达·彭国梁	180
七十三	地隐星白花蛇杨春·范笑我	182
七十四	地异星白面郎君郑天寿·眉睫	184
七十五	地理星九尾龟陶宗旺·董宁文	186
七十六	地俊星铁扇子宋清·阿滢	188
七十七	地乐星铁叫子乐和·冯传友	191
七十八	地捷星花项虎龚旺·徐明祥	194

七十九	地速星中箭虎丁得孙·自牧	197
八十	地镇星小遮拦穆春·袁滨	200
八十一	地稽星操刀鬼曹正·黄成勇	203
八十二	地魔星云里金刚宋万·俞晓群	206
八十三	地妖星摸着天杜迁·朱晓剑	209
八十四	地幽星病大虫薛永·萧文立	211
八十五	地伏星金眼彪施恩·崔文川	214
八十六	地僻星打虎将李忠·韦泱	216
八十七	地空星小霸王周通·虎闱	219
八十八	地孤星金钱豹子汤隆·李福眠	221
八十九	地全星鬼脸儿杜兴·周立民	224
九十	地短星出林龙邹渊·吴心海	227
九十一	地角星独角龙邹润·由国庆	230
九十二	地囚星旱地忽律朱贵·康健	233
九十三	地藏星笑面虎朱富·彭林祥	235
九十四	地平星铁臂膊蔡福·黄岳年	238
九十五	地损星一枝花蔡庆·蔡家园	240
九十六	地奴星催命判官李立·安武林	243
九十七	地察星青眼虎李云·孙卫卫	246
九十八	地恶星没面目焦挺·卢礼阳	248
九十九	地丑星石将军石勇·徐玉福	250
一〇〇	地数星小尉迟孙新·理洵	253

一〇一　地阴星母大虫顾大嫂·李传新……………… 255

一〇二　地刑星菜园子张青·姜晓铭………………… 257

一〇三　地壮星母夜叉孙二娘·王金魁……………… 259

一〇四　地劣星霍闪婆王定六·易卫东………………… 261

一〇五　地健星险道神郁保四·董国和………………… 263

一〇六　地耗星白日鼠白胜·薛原……………………… 266

一〇七　地贼星鼓上蚤时迁·徐鲁……………………… 268

一〇八　地狗星金毛犬段景住·夏春锦………………… 271

后记……………………………………………………… 273

上编

旧头领一员　托塔天王晁盖·叶德辉

书话一体，源远流长。自叶氏《书林清话》和《书林馀话》问世，以"绍往哲之书，开后学之派"，上承叶昌炽《藏书纪事诗》，下开现代书话之先河，可谓"教外别传"矣。列现代文学书话正榜之外，亦名副其实耳。

胡文辉《现代学林点将录》引张舜徽语云："'所撰《书林清话》及《馀话》，称述藏家故实，广采名流燕语，扬榷得失，语多精辟。知其一生，仍在版本之学'，或可作定论。"然伦明《辛亥以来藏书纪事诗》则云："君见古本不多，所著《书林清话》《馀话》，大率撮自诸家藏书志。自编《观古堂书目》，亦无甚佳本。据云尚有《续口》，未编成，君殁后见其《郋园读书志》，不过如此，勿刊可也。然君素精小学，辑录各书，其有条理,但版本目录,非所长耳。"录此,略见异同。

关于"清话"二字,傅璇琮说:"按陶渊明有诗:'信宿酬清话,益复知为亲。'(《与殷晋安别》)他与挚友临别,可以连续两夜(信宿)谈话,即清雅不拘世之交谈,故更为亲切。……东晋时名士殷浩因事离开京都,宰相王导特约其共叙:'身当今日与君共谈析理。'于是,'既共清言,遂达三更'(《世说新语·文学》)。可见清话、清谈、清言,都有情深思切,朝夕细叙之意。"据此,"清话"如果是谈书和书的故事,即是书话,读者不能不知也。

叶氏集书情书色于一身,以好书好色称著于世。其诗曰:"买书如买妾,美色看不厌。妾衰爱渐弛,书旧芳益烈。……买书胜买妾,书淫过渔色。"叶氏尝贴纸条于书房曰"老婆不借书不借",虽一时传为笑谈,实乃真性情之流露耳。其刻《双梅景庵丛书》等,诸多香艳秘笈赖以流传。好色虽过,刻书有功也。

成玉曰:叶氏《书林清话》《书林馀话》,虽抄撮历代藏家、版本、书林逸事等成一书,但条贯而富情趣,系统而又丰富。沾溉学林,功莫大焉。

诗云:书林清话开名山,观古堂前古不还。老婆与书都不借,竟为后人作笑谈。

附:伦明《辛亥以来藏书纪事诗·叶德辉》云:

清话篇篇掇拾成,手编藏目不曾赓。相逢空有抄书约,隔岁俄闻遭枪崩。

一　天魁星呼保义宋江·唐弢

自唐氏《书话》《晦庵书话》出，书话一体风行海内外。其写作虽稍晚于阿英、曹聚仁、周作人、周越然等人，但其贡献和影响之大，遂使现代书话自成一体。今列正榜第一位，书话正宗，当之无愧也。

其自序云："中国古代有以评论为主的诗话、词话、曲话，也有以文献为主专谈藏家与版本的《书林清话》《书林馀话》综合了上面这些特点，本来可以海阔天空，无所不谈。不过我目前还是着眼在'书'的本身上，偏重知识。因此材料的记录多于内容的评论，掌故的追忆多于作品的介绍。"又云："我写《书话》，继承了中国传统藏书家题跋一类的文体，我是在这个基础上动笔的。"以及"一点事实，一点掌故，一点观点，一

点抒情的气息"。朱金顺说:"写新文学书籍的书话,唐弢先生应属第一人。"(《唐弢先生与"书话"》,见《新文学资料丛话》)

黄裳《悼风子》说:"最先留心收集新文学史料,为研究奠定了基础的,是阿英,但注重新文学出版物的版本,系统的加以评论记述的,则不能不推风子。"他说《晦庵书话》,"是这一学术领域的开山之作"。有人说,周作人是书话的先行者,影响最大,此话不错,但遗憾的是他虽然早于唐氏写了大量的"书话",但并没有形成自己的一个较为明晰的书话观。就现代文学书话来说,唐弢很早就开始收集新文学书籍包括各种资料和版本,其藏现代文学书刊海内第一。他二十世纪四十年代中期就开始写书话在报刊上发表,兼善众长,承接叶德辉及阿英、曹聚仁"书话"二字和周作人等人的写作实践,在较为系统的写作中揭出了书话的基本概念,在写作中使书话文体臻于成熟。他的初版本《书话》由北京出版社一九六二年出版,增订本《晦庵书话》则是一九八〇年由生活·读书·新知三联书店出版的。颇为有趣的是,据说有许多修改的痕迹。姜德明回忆说,二十世纪六十年代,当他约请唐弢写书话时,唐说:"现在还有读者对书话感兴趣吗?党报上介绍旧书版本会不会有人反对?"如此谨慎,一部《晦庵书话》多是革命书刊和左翼文艺运动的书刊,未能由此及彼地展开更多书籍的书话写作。大才未尽也。

虽然如此,《晦庵书话》还是被认为是书话经典。怪不得徐雁所说:"原来,当代的书话家们,如香港的克亮(黄俊东)、杜渐（李文健）、林真（李国柱）、北京姜德明，西安梁永、高信，苏州王稼句、南通陈学勇、济南徐明祥、十堰黄成勇，以及我自己，均在书话集中里坦陈过受唐氏书话的有益而深刻的影响。这样的众口一词，那么，人们之奉唐先生为'书话主人'乃至'现代书话之父'，自是不可更易的定评了。"（见《书话史随札》代序"书话：一种有书卷气的随笔"）是耶？非耶！

成玉曰：唐氏书话，承继叶德辉《书林清话》以及阿英、曹聚仁等，首次以"书话"二字命名文集，影响深远。由于时代、社会、历史等原因，未竟其才。其书话概念和定义又未能完全展开，在现代书话的发展和变化中留下许多阐释空间，乃至争议和论难也。

诗云：八道六难历艰辛，蠹鱼生涯著作勤。承先启后传书话，惹得我辈辨分明。

附：周退密、宋路霞《上海近代藏书纪事诗·唐弢》云：

复壁藏书白日昏，救亡正尔为图存。若教验取残编看，定有烧痕与泪痕。

二　天罡星玉麒麟卢俊义·阿英

据姜德明考证，书话在二十世纪三十年代曾一度繁荣，众多作者以"书话"之名写读书小品。阿英一九三七年十月在纪念鲁迅逝世周年前后，写有《鲁迅书话》，此前还写过《红楼梦书话》等，然其主要兴趣和成就在近代文学的搜集和整理，其价值和意义往往被书话爱好者和研究者所忽视。黄裳说："阿英走着一条寂寞的路，他终于走出了一条路。"这条路，就是我们今天书话写作的"资料派"。

阿英是藏书家，人称与郑振铎为"绝代双璧"。主藏晚清及近代文献，编有《中法战争文学集》《鸦片战争文学集》《晚清文学丛钞》以及《中国新文学大系》中的《史料·索引》一卷。黄裳说："他在一九三五年写《版本小言》，就将'新书'

的版本价值拿来与旧书相提并论,在当时可能是惊世骇俗,在今天,则正是高明的预见。"(《银鱼集·阿英与书》)

阿英博览群书,勤于写作,在话剧、京剧、电影、小说、诗歌、文学史等多个领域都有很多成果。但对爱书人来说,读他的《城隍庙的书市》《西门买书记》《海上买书记》等,最是亲切有味。他说:"癖性难除,一有闲暇,总不免心动,要到旧书店走走。瞻仰前途,我真不知将如何是了!……在我个人想,总还有一篇《海上卖书记》好写吧。正是:孜孜写作缘何事?烂额焦头为买书。"人说爱书人多患此病,而百医不治也。

成玉曰:就书话论,阿英起步虽较早,却走上另一条路,为现代文学史料学提供了很多有价值的研究和经验,对现代书话的写作功不可没。特别是他的"鲁迅书话",其开山之功,使后来者如唐弢、姜德明、倪墨炎等,都由此而入。人称"书话鼻祖"(李广宇语),乃不虚也。

诗云:但开风气不为派,试把读书种子栽。藏书万卷多致用,成就自有后人来。

附:周退密诗云:

节衣缩食事以藏,志在拯危与救亡。万帙缥缃雅兼俗,杏花开处满春光。

(见韦泱《藏书致用说阿英》一文)

三　天机星智多星吴用·曹聚仁

当我们的曹聚仁先生一九三一年八月在《涛声》半月刊创刊号，发表《书话二节》时，他大概没有想到他第一次使用的"书话"二字，在中国现代文学史或书话史上竟演变为一个独具魅力的文体。文界有书话，曹聚仁功莫大焉。

曹聚仁说："湖南叶麻子德辉，他曾写了一本谈版本源流的书，题为《书林清话》，那是一本好书。我可要交待一句，我的《书林清话》，并非《书林清话》的续编，也无意于版本源流的考证的。"（《后记》）他在《书的故事》中说："叶德辉，那个湖南的怪人（以大麻子出名），他写了一本不朽的书《书林清话》，说的是书本的故事。苏联的一位伊林，他也写了一本《书的故事》，风趣环生，引人入胜。"各位看官，曹氏不仅首创"书话",还点出"故事"二字,此乃书话之精髓也。姜德明说:"曹聚仁的书话有着鲜明的个人风格,这缘于他的国学修养,以及对文史哲的广泛涉猎。他读书主张杂览,行笔自然洒脱,不尚空论,因此在轻易和悠闲的笔墨中时见新意,不失学人品味。"(见《现代书话丛书·曹聚仁书话》)曹氏晚年在香港时与周作人通信,并劝其写作和回忆著成《知堂回想录》。周作人感激不尽,乃成一文坛佳话。

曹聚仁《买书》说:"有一回,我买了一部官堆纸局本《两汉书》花掉了半个月伙食费,拿了书以后,我又偷偷地几乎不敢抱回家中去,那时的心情,连我自己也想不清楚。"又《卖书》说:"买书难,卖书更难。这个动乱的世界,最好是心如枯木,百念不生。否则,爱书成癖,也就成为挥不掉的大包袱了。"

成玉曰:曹氏饱读诗书,学有渊源,一部《中国学术思想史随笔》,最令人激赏。"书话"二字,乃从历代诗话、词话、曲话中"变体"而来,以"故事"为特征,最具现代书话的时代风格。有变乃大,有变乃通也。

诗云:书话二字最风流,聚散过眼说不休。人世几回说沧桑,催成知堂回想录。

四　天闲星入云龙公孙胜·周作人

就书话史论，周作人书话（"读书派"）与唐弢书话（"正宗派"）、阿英书话（"史料派"）鼎立而三，影响巨大。其独特的文风泽被所及，人称"周作人书话传统"。尤以黄裳、邓云乡、金性尧、谷林等人为代表，承其书话一脉，不拘于现代文学，亦文亦史，最见学者底蕴。然其末流，花果飘零矣。

所谓"读书派"，乃因某些人误读和倡导，取其周作人"关于一种书的话"为题，以为凡此皆书话也。周作人《苦茶随笔·小引》："在这小文章里所说的大抵是关于书和人，向来读了很受影响或觉得喜欢的，并不是什么新著的批评介绍，实在乃是一种回忆罢了。"这才是知堂书话的精髓。其中在"书或人"中"回忆"二字，最为紧要，并不单单是"关于一种书的话",而是书背后的故事。有回忆就有故事,有故事就有"一种关于书的话"。

周作人书话的最大特色是抄书。刘绪源说:"周作人一生中,书话创作的数量最大,在这方面所花工夫最多,这些'抄书'之作,也许是他留下的最宝贵的遗产。"(见《解读周作人》)舒芜说,这真是极大胆之论,似乎有些惊世骇俗,细想却是完全真实,十分平实的。

成玉曰: 成也萧何,败也萧何。说周作人书话影响之大,是书话的先行者,最不易学等,似不为过。然其书话(理论方面系统的表述)因为没有明指,又因某些人误导,在最不易学中又变为最容易学,此乃凡读书写读书随笔(读后感等)"关于一种书的话"都是书话。

诗云: 三派鼎立说书话,花果飘零落谁家?成败误读何其多,相逢无语吃苦茶。

五　天勇星大刀关胜·黄裳

　　曾几何时，黄裳的"书林一枝"在《读书》上连载时，风靡读书界，一时争相传阅，叹为奇观。那独具魅力的"榆下说书"，还原了他"过去的足迹"，此乃学人兼才人也。其书话承知堂一脉，得其精义。晚年又学鲁迅，其"书卷气"与"战斗气"，最为读者激赏。

　　关于书话，黄裳说："我一直梦想能读到一种详尽而有好见解的读书记，除了介绍作者的身世、撰写的时代背景、书籍本身的得失、优点和缺点之外，还能记下版刻源流、流传端绪，旁及纸墨雕工，能使读者恍如面对原书，引起一种意想不到的书趣。"又《春夜随笔·书林漫话》说："书话其实是一种随笔，一种很有文学性很有情趣的文字。……书话并不好写，它从一本书谈起，却又不限于书，往往引申开去，谈点别的，发点感慨和牢骚，很随意，包含面很广，但又不是漫无边际。"这里两个"趣"字，值得注意，皆从"苦涩"而来也。

《黄裳书话》编选者孙郁说："黄裳以书话名。当世之人，若先生于书话得大自在者，盖鲜矣！身为报人，志在学苑，故兼学者、作家、记者文脉于一体，厚重而古朴，自然而大方，书卷气与艺术味杂然相糅，悠悠然有古雅清醇之风。"此语知其一，而不知其二也。

成玉曰：在"周作人书话传统"中，黄裳书话最有影响。然仅止于周作人，黄裳之为黄裳，其声名恐怕在今日不会如日中天。无他，其多种笔墨由知堂而鲁迅，又由鲁迅回到知堂，这才是真正的黄裳。转益多师，自成一体也。

诗云：榆下一卷足风流，传神文笔写春秋。亦文亦史亦书话，正气凌云照神州。

附：周退密、宋路霞《上海近代藏书纪事诗·黄裳》云：

文笔词锋薄海知，淘书机智更冠时。澹生复壁能逃劫，旧燕归来付一痴。

六　天雄星豹子头林冲·周越然

徐雁说："在唐（弢）氏和叶（德辉）氏之间，实际上还有一位承先启后的书话大家，我们谈书话源流时，绝不能埋没了他。"此人乃著名藏书家周越然也。论书话集的出版，周氏在一九四四年和一九四五年就先后在上海出版《书书书》和《版本与书籍》，承先启后，大抵不错。

周退密《言言斋古籍丛谈·序》说："越然先生家学渊源，贯穿中西，为文有其独特风格……言版本则详其书之刊刻时代、版本之形式、行款、纸墨、字体、递藏之源流，前人之批校、藏家之印鉴、得书之岁月等等；言内容则摘其旨要，撷其菁华，校其异同，偶尔亦缀以评语，一如前哲之读书札记。"周氏书话乃"古籍书话"，因其亲切有味，妙趣横生，对现代文学书话多有影响。现代书话从"古籍书话"变化而来，谈版本，谈藏书源流，谈得书经过等，自述买书藏书经过和故事，最见书话本色。

周氏《书书书》自序说："本书计四十篇，或为文言，或为白话——文既不通，白亦不顺——大半已在日刊或期刊中发表，今汇合之，非欲表达余之意见，实欲以观察余之勤力也。余本拟以××读书志为题，后见书中所包含者，'闲'书过多，'正'书过少，未免太偏，故改用今名。"读闲书，说闲话，乃周氏书话最过人之处。姜德明说他藏有很多中外文学禁书，还写过《西洋的性书与淫书》《外国〈金瓶梅〉》等。

成玉曰：周氏书话虽非现代文学书话，但深得其趣，所谓"书、书、书"也。

诗云：识得奇书《金瓶梅》，藏书曾遭兵火毁。以闲为正说书话，不枉人生走一回。

附：周退密、宋路霞《近代上海藏书纪事诗·周越然》云：

藏书曾记言言斋，厄运来时战火埋。文字飘零谁为拾？一编聊以见庄谐。

七　天猛星霹雳火秦明·鲁迅

说到书话或论其书话源流等,鲁迅不以书话名。其生前未能结集出版"书话"集,今人孙郁辑录其谈书论学小品文以及书信、广告词、日记等,汇为《鲁迅书话》,列于姜德明主编的"现代书话丛书",由北京出版社一九九六年出版,别具一格也。孙郁说:"晚清以降,书话家者流,鲁迅乃第一人。"此话不错,但如果以书话文体论,乃过犹不及耳。这倒不是说鲁迅没写过书话,然就其书话文体影响来说,还是"周作人书话传统"更容易让人接受。

读《鲁迅书话》,他藏书之多,读书之勤,著述之丰,最让人惊叹。其《读书杂谈》《随便翻翻》《书苑折枝》《选本》《买〈小学大全〉记》《病后杂谈》等,正如孙郁所说:"如果细看一下他搜集古代文献资料时所写的题跋，便会惊叹于他的功底之深。鲁迅是深味古玩又懂得版本目录学之道的人，他在收藏抄录、校勘有关金石、佛学、文史典籍时，多有重大发现。……其文字之美，理趣之深，是同代人不可比肩的。"

有意味的是，从"鲁迅书话"到研究鲁迅的书话，倒成了现代书话的一个传统。似乎可以这样说，现代书话是从研究鲁迅开始的。曹聚仁第一次打出"书话"旗号，阿英是最早的使用者之一，在鲁迅逝世周年，他就发表了三则《鲁迅书话》。由此而下，唐弢书话也是从研究鲁迅开始的。这一师承关系，在今天讨论现代书话源流时尤为重要。后来的姜德明、倪墨炎等人都是从研究鲁迅开始的。

成玉曰：鲁迅虽然不以书话名，但写书话者却以研究鲁迅而名为书话家。此乃一趣事耳。

诗云：早岁抄碑旧楼中，博极群书辨异同。朝花夕拾随便翻，别样书话别样红。

附：周退密、宋路霞《近代上海藏书纪事诗·鲁迅》云：

横眉怒对气凌霜，正义堂堂匕首强。独擅风华师晋法，嵇中散集字坚苍。

八　天威星双鞭呼延灼·郑振铎

郑振铎《西谛书话》,特别是《劫中得书记》《续记》等,在中国现代书话史上最令人瞩目。从"典衣买书"到"卖书易米",道尽了藏书家的悲欢离合。其爱书如命,在在体现了读书人对传统文化的终极关怀。沧海横流,尽显书生本色。

黄裳说:"西谛是有名的藏书家,也喜欢写题跋。从他的题跋文中人们可以接触到他对书籍的真挚之心。他在题记中经常会写下'大喜若狂''为之狂喜''惊喜过望'这样的词句。"(《黄裳书话·谈题跋》)赵万里说:"西谛藏书的主要类别,有历代诗文别集、总集、词曲、小说、弹词、宝卷、版画和各种政治经济史料等,范围十分广泛。"(《西谛书目序》)书话由藏书题跋而来,西谛是明确提出的第一人。他说:"一书之得,其中甘苦，如鱼饮水，冷暖自知。辄识诸书衣，或录载薄册，其体例类黄荛圃藏书题跋。"三十年后，唐弢说，我写书话也是在这个基础上动笔的。

郑西谛说："我不是一个藏书家，我从来没有想到为藏书而藏书。我之所以收藏一些古书，完全是为了自己的研究方便和手头应用所需的。"又说："我有一个坏癖气，用图书馆的书，总觉得不大痛快，一来不能圈圈点点，涂涂抹抹，或者折角划线做记号；二来不能及时使用……宁可自己去买。"

成玉曰：书话乃藏书家当行本色。西谛书话多为古籍题跋，由藏书而题跋而书话，现代文学书话正是沿着这一条路走下来的。

诗云：拼命藏书不名家，旧纸堆中新题跋。过眼云烟任它去，甘洒热血献中华。

附：王謇《续补藏书纪事诗·郑振铎》云：

元明杂剧搜孤本，梅苣金瓶图书文。一举冲天复入地，宛如焦土一时焚。

周退密、宋路霞《上海近代藏书纪事诗·郑振铎》云：

蓝桥玉杵韵依稀，脉望珍藏照少微。唯有人间郑西谛，菜根香里不知饥。

九　天英星小李广花荣·叶灵凤

叶灵凤《书淫艳异录》一经问世，人们似乎才发现或惊叹，原来写有三大卷《读书随笔》的他，还有一部如此"香艳"之书。当年这位"创造社小伙计"，原来是一个"书痴"兼"书淫"的爱书人。不要说这部《艳异录》，仅此三卷《读书随笔》，叶氏在现代书话史上就光芒四射，灵气飞扬。凤兮凤兮魂归来也。

书话写作，各有风格，然万变不离其宗，乃书人书事也。叶氏自述说："真正的爱书家和藏书家，他必定是在一个广阔的人生道路上尝遍了哀乐，而后才走入这种狭隘的嗜好以求慰藉的人。他固然重视版本，但不是为了市价；他固然手不释卷，但不是为了学问。他是将书当作了友人，将读书当作了和朋友谈话一样的一件乐事。"(《读书随笔·书痴》)"尝遍哀乐"并"手不释卷"而且不是为了做学问，其所谈皆书，乃真书话也。他说这种乐趣不是人人可以获得，也不是随时随地可以拈来的。书话不易写，由此可见一斑。叶氏书话，文笔优美，娓娓动听，在平淡中呈现渊博的知识，在隽永中闪烁着饱经忧患的智慧光芒。初版《读书随笔》是一九三六年上海杂志公司出版的。他自制的"灵凤藏书"的藏书票，据说是中国现代文学最早的藏书票之一。姜德明说他的书话读书小品，"从艺术上看，可以说已达到炉火纯青的地步。"(见姜德明《叶灵凤的散文》)

曾几何时，或者说历经沧桑之后，叶氏另一名著《书淫艳异录》终于面世。此书最初发表于二十世纪三十年代中期上海出版的一份小报——《辛报》上，署名"白门秋生"。《小引》说："古人以读书不晓事为书痴，爱书过溺为书淫，秋生对于这两种癖好，可算兼而有之。第遇好书，总不惜倾囊购来，枵腹读书，是常有的事。……苏凤兄主编《辛报》，嘱将读书所得，写一点贡献给读者，因撰'书淫艳异录'。"开卷有益，这部"性学书话"既精细又有趣，"吾未见好德如好色者也"。陈子善"代序"说："综观全部专栏文字，应该说叶灵凤此言不虚，借用陆谷孙先生的话，他是以男女之书酒瓶装文化之酒。"

成玉曰：书淫艳异，乃爱书人梦中之梦。庄周梦蝶，还是蝶梦庄周，乃人情之常，亦书生之福也。

诗云：好个《书淫艳异录》，读书随笔写不休。凤兮凤兮魂归来，白门书生唱秋柳。

十　天贵星小旋风柴进·孙犁

孙犁以小说名世，其独特的文学风格影响深远，晚年《孙犁书话》又风靡读书界。当今之世，能兼此二者之人，亦鲜矣。由新文学转为旧题跋，其书衣文录，自成一体，在书卷气中回忆与思考，独上高楼。

现代书话，多由古代藏书家题跋而来。姜德明说："孙犁同志写的《书衣文录》，更一反传统藏书题跋的写法，甚至把与书本身无关的一时感触写在书衣上，但，没有人不承认那是书话，而且是思想深刻、别具一格的书话。"（《现代书话丛书·总序》）其实，孙犁并没有"一反传统藏书家题跋的写法"，而是继承了这一传统的写法。从文字语言到思想风格，正是陆放翁题跋这一派下来的。游离于版本、内容之外，亦多是由书而来。耐人寻味的倒是，如果我们从现代书话史的角度去观察，就会发现一个很有趣的文化现象。很多作家、学者到了晚年一反现代文学的写法，不约而同地回归传统。爱书惜书，以书养气，书人共命。黄裳《来燕榭读书记》如此，孙犁《耕堂读书记》亦复如此。这惊人相似的背后，到底蕴藏了一种什么样的文化精神？

孙犁《曲终集》有一篇《读〈船山全书〉》，他说："我对王氏发生敬仰之情，是在读《读通鉴论》开始。那是六十年代之初，我正在狂热购求古籍。我认为像这样的文章，就事论事，是很难写好的，而他竟写得这样有气势，有感情，有文采，而且贯彻古今，直到《宋论》，就是这种耐心，这种魄力，也非常人所能有的。"又说王氏有一种极其淡泊的平静心态，甘于寂寞，一意著述，是时代和环境造成的无可奈何的人生选择。"他是把自己藏在深山荒野，在冷风凄雨、昏暗灯光之下，写出真正达天人之理，通古今之变的书的人。"孙犁书话，直面人生，在寂寞乃至困境中有一种家国身世之感，对社会对历史的思考，其思想之深刻，文笔之犀利，眼光之独到，无人出其右也。

成玉曰：读《曲终集》，三复其文三致意焉。然惜其此《集》之出版距其离世，七年间竟无文字发表，仿佛隔世之人，此谓"曲终"乎？悲夫！

诗云：别开书话又一枝，三百年前有吾师。质本洁来还洁去，高山流水人仰止。

十一　天富星扑天雕李应·倪墨炎

由唐弢书话而下，现代书话，花开数朵，竞芳争艳。倪墨炎承阿英书话"史料派"一脉，别开生面，对今日书话影响甚大，或许是误入歧途，乃至谢泳等人将其列为中国现代文学史史料学之一节。离唐氏书话，越走越远，抑或此乃现代书话发展变化之一途，亦未可知。

关于书话，倪氏说："可以写书人书事。可以侧重写人，可以侧重写事，也可以侧重写书；这可以是读书札记，诸如史料考证，版本书话，钩沉辑佚，掌故琐记，乃至一段古文的释义，一条注文的纠错，一篇赝品的辨伪，都无所无可；也可以是读书随笔，可以接近于书评，可以接近于鉴赏，可以接近于创作谈，乃至于接近于社会文化现象的短论。"（《书友文丛·总序》）

叶灵凤说，他固然手不释卷，但不是为了做学问。至少在这个意义上，倪氏所云，与书话无关，乃读书随笔或学术小品也。

倪氏曾自述其书话由唐弢《鲁迅与书》乃发其端。由于注重学术或史料，对唐氏"我以为书话虽然含有史料的作用，光有史料却不等于书话"颇有一己之见。他说："……唐先生似乎不必那么吃惊，如果不离题，那是否也可以考虑吸收一点，难道材料一多真与'散文因素'那么水火不相容吗？以至唐先生竟'失声而叫'了。"倪氏的意思大约书话要以史料为中心，他说我本来就是作为文学史资料来写的。其实，史料在书话中只是其中"一点"，过分重视史料，那是学术而不是书话。书话"话"书，而不是"话"史料。倪氏又说："有人曾问我，是否接到什么书都可以写成书话？我的回答是：能写书话的书至少要具备两条：一是比较鲜为人知，人们耳熟能详的书何劳你去写它；二是要有点意思或在见解上会有所启迪，或在性情上能引起共鸣，或能引发介绍一段史实或一种知识，或很有趣味可供人解颐。"虽然此话不中不远，但检验书话最基本的标准就是看里面有没有"我"或"我与书"的故事，舍此而外，趣说书话，只会离真正的书话越走越远，此乃"史料派"书话之末途乎？

成玉曰：倪氏书话由研究鲁迅入手，后遍及现代文学，发掘史料，考证辨伪，有功学林。然以此为据而论书话，并定其义，乃过犹不及也。

诗云：别开生面花一朵，史料考证向谁说？书话不是无情物，饱经风雨故事多。

十二　天满星美髯公朱仝·冯亦代

回想当年的《读书》，真是恍如隔世。冯亦代乃《读书》创办人之一，其专栏《海外书讯》介绍域外书籍，为我们打开一扇"西窗"风景。后结集出版《书人书事》《听风楼读书记》等，趣说别人的家珍，融知识、趣味、掌故于一炉，开"西窗"书话之先河也。

王稼句说："在书林萧索的岁月里，读书人的快乐，莫过于日间的书谈，夜间的书梦。有人曾侃侃谈起冯亦代的《书人书事》，竟使我做了多少回梦。"（见《枕书集》）冯氏自述说："《海外书讯》所介绍的书籍有的是我读过的，有的是见于美国《纽约时报·书评周刊》和《纽约书评》的介绍，因而搜集有关资料写成的专文。"（《听风楼读书记·后记》）冯氏是翻译研究欧美文学的专家，在译余编刊之暇，写下了大量的文化随笔和书话，从另一角度传递了欧美文坛和读书界的最新动态，令人眼界大开，功德无量。

冯氏痴迷于书，一生浪迹江湖，迭遭厄运，三次藏书，三次散失。他有一次夜访姜德明，偶见施蛰存当年主编的《文饭小品》有他的文章并藏之多年，他说如睹故人。并题其书曰："一九八〇年八月与苏晨小坐德明书斋，德明出示书籍，偶见此册，则赫然当年旧物。此书随我多年，历经离乱，而得携来京华，实出意外。一九五七年罹奇祸后，为谋衣食，藏书散尽，不图今日复见，若逢故人，摩挲久之，不能成释；往事如烟，思之怃然。德明获此册于旧市，乃得幸存，赖其力焉。且志数语，道其经过。一九八〇年九月廿日。"书之聚散，最有故事，乃书话之本色也。一九九三年，冯氏八十高龄因书结缘与近七十岁的著名演员黄宗英结为伉俪，一时在读书界传为美谈。袁鹰贺诗曰："白发映红颜，小妹成二嫂。静静港湾里，归隐书林好。"

成玉曰：冯氏始开"西窗"书话，其后，又约老友董鼎山写《纽约航讯》专栏，结集出版《天下真小》《西窗漫笔》等。在其引领下，李长声的日本文学书话，钱定平的欧美文学书话，以及恺蒂的《海天冰谷说书人》，罗岚的《巴黎读书记》等，隔海说书，乃成一亮丽风景，令人叹赏不置。

诗云：首开西窗说书话，旧藏散失遍京华。听风楼中结书缘，抱得美人喜回家。

十三　天孤星花和尚鲁智深·赵家璧

　　一部中国现代书话史，是在现代文学的影响下产生的。书籍的编辑和出版，最为重要。赵家璧是著名的编辑和出版家，其主编的《良友文学丛书》《良友文库》《中国新文学大系》《晨光文学丛书》以及撰写的《编辑生涯忆鲁迅》《编辑忆旧》《文坛故旧录》《书比人长寿》等，珍贵的书籍和编辑回忆，在中国现代书话史上写下光辉的一页。

　　赵氏自述说："当年蔡元培、鲁迅、茅盾、郑振铎、郑伯奇和阿英等先辈对我的培养和支持，岂止是为我这个文学青年而已，他们更远大的目光，是在设法扶植、卫护并发展这个素来不为人注意的出版阵地——良友图书公司。"（见《编辑忆旧·后记》）他说自己那时初生牛犊，敢闯敢为。当他第一次怀着崇敬的心情，心存畏惧去看望鲁迅并求稿时，鲁迅先是谈了自己过去办未名社、朝花社等几个出版社的甘苦经历。最后对他说："这是对今天的社会极为重要的事业，也是非常有意义的工作，其中也大有学问啊！"（见《鲁迅印象记》）在鲁迅等人的鼓励和帮助下，赵家璧一生"为他人做嫁衣裳"，通过自己辛勤的劳动，把很多作家的手稿辑印成书，经过时间的考验，不愧为公认的传世之作。

当费正清读到赵家璧在一九八〇年第十期《读书》上，回忆《美国文学丛书》中译本二十卷的编辑经过时，非常感动。写信给赵氏说："你在《读书》上所写，为了出版《美国文学丛书》中译本所经历的长期斗争和最后胜利，是一篇动人的故事。我深信刊印的书籍的价值，比起人来，更为长寿……"一九四九年八月，全国第一届文代会在北平召开，赵家璧到北平第一件事就是把全部出齐的十八种、二十册精装本双手捧给郑振铎。以书会友，一诺千金。

成玉曰：经赵氏编辑和出版的新文学书籍和撰写的编辑回忆，在中国现代书话史上群星灿烂，光芒四射。立德立功立言，书比人长寿也。

诗云：编辑生涯不寻常，甘为人作嫁衣裳。但言书比人长寿，名山事业万人仰。

十四　天伤星行者武松·梁永

书话自唐弢而下，花雨缤纷，各以其独自的风格行世，其写作个性正在瓦解书话的整体概念（赵普光语），真正承接唐氏书话一脉的，除姜德明等人外，梁永先生最为正宗。一部《雍庐书话》（南京大学出版社，一九九三年十二月第一版），其故事生动，情景迷人，对新文学版本和遗闻逸事，如数家珍，令人叹为观止。

舒芜说："亡友钟朋教授，去年溘逝，留下遗稿《雍庐书话》（署笔名"梁永"），近三十万言，就是一部关于中国新文学书刊，主要是三十年代新文学书刊的'书话'，以及作者读万卷书行万里路的记叙。我穷旬日之力，细读一过，每念人琴存没,瞬息已逾半年,辄感凄清;但是,他谈得那么生动亲切,那么质朴有味,又给我以甚大甚深的愉悦。这部书话,是地地道道的读书人的读书之话,一切都密切结合自己读书、求书、访书、得书、失书、爱书、忆书之事来谈。"(见代序《积极的文学结缘者》)

然此书的出版,却颇有曲折。编者徐雁说:"……经过此后与其家人频繁的信函往返,书稿终于在十一月二十六日由作者的女儿,西安冶金建筑学院基础部教师钟光珞同志郑重送来我社,尽管作者的遗稿在此前几度遭遇曲折,但毕竟它能够及时地传世了。好书没有终至寂寞。"(见《编辑手记》)西安书话家高信回忆访问梁永说:"不等我开口,就问长问短,我一一作答,他频频点头。谈起外地一些前辈的情况,他起身从书房拿来一本精美的册页,一一指给我看,施蛰存、许杰、胡絜青、吴祖光、新凤霞、黄裳、赵清阁……诸多名人的题词题诗,使我了解到钟老交际之广,难怪他的书话文章曾给我造成京华某老所作的错觉……我看他的藏书盈架盈柜,决不弱于专搞现代文学研究的教授。"(见《何时共论文——追怀钟朋教授》)姜德明《回忆梁永先生》说:"如今还有多少人真正关心现代文学研究,更何谈文学史料工作呢。……我相信,有远见的出版家还是有的。"更为感人的是张中行在《未谋一面先吊亡》中说:"为不曾谋面的人写悼念文章,我这是第一次。不曾谋面而要写,是因为我们有较深的文字交谊。更重要的原因是他有值得悼念的性格和事业成就。"

成玉曰：一个著名的中国结构力学界的知名专家，在论著甚丰之余，利用业余时间淘书、读书，自觉承担专业文学者的工作和任务，为现代文坛搜求旧版本并记录许多珍贵的掌故趣闻，其《雍庐书话》乃现代书话之楷模也。

诗云：《雍庐书话》好风光，承接唐弢不寻常。一卷风流真名士，万人争读颂华章。

十五　天立星双枪将董平·施蛰存

在中国现代文学史上,施蛰存乃一"异数"。其学贯中西,博通古今,少有人与其匹敌。而著作等身,向以"四窗"闻名天下。四窗者,东为文学创作,南为古典文学研究,西为外国文学翻译,北则碑版整理也。

说到书话,施氏生前并无专集,而是有容乃大。有好事者编了一本《卖糖书话》,此乃名正言顺也。共收录其有关读书治学以及买书藏书等数十篇作品,在书海泛槎中,其独特的个性和经历,有一种历史的沧桑和家国身世之感。何谓"卖糖"而又"书话"?原来他在参加西安全国唐代文学学会成立大会时,偶然忆及一位朋友曾以"敲锣卖糖"比作平生从事古典文学教育和著述生涯。"糖",唐也,即古典文学研究。"卖糖"

乃卖文耳。

《卖糖书话》首篇即《买旧书》。施氏乃书迷书痴，喜欢逛旧书店，他说逛旧书店是爱好书籍的知识分子的"好癖"。此文回忆他一生买书藏书读书的经验，令人解颐。其中说到我"最"爱读的书的标准，共有三条。第三条说："如果说，我常常带在身边的书就是我最爱读的书，那么，我应当举出一部《词林纪事》来，但是，一部《康熙字典》也同样跟了我二十年，你以为我最爱读《康熙字典》吗？"

施氏当年，曾被鲁迅赐为"洋场恶少"。暮年回首，《浮生杂咏》第六十八首曰："粉腻脂残饱世情，况兼疲病损心头。十年一觉文坛梦，赢得洋场恶少名。"注云："拂袖归来，如老妓脱籍，粉腻脂残。儒林外史，阅历不少。又忽患肝胆之疾，偃息数月，雄心消尽。自一九二八年至一九三七年，混迹文坛，无所得益，所得者惟鲁迅所赐'洋场恶少'一名，足以遗臭万年。第三四句与鲁迅交谇时改杜诗感赋。未有上句，今补足之。"施氏曾自嘲："我在一九五八年以后，几乎有二十年，生活也沉寂得很。我就学习鲁迅，躲进我的老虎尾巴——北山楼中，抄写古碑。这是一个讽刺。因为鲁迅从古碑走向革命，而我是从革命走向古碑。"（见《北山集古录·自序》）

成玉曰：施氏一生饱受忧患，历经坎坷。然喜欢买书藏书逛旧书店，几十年风雨不改，其好书之癖乃书生之本色也。我这里再加一"窗"，即书窗，取"中心藏之，何日忘之"之"中"字。"中窗"即书话，东南西北中也。

诗云：卖糖今日又书话，"五窗"雄文传天涯。北山抄碑碑何在？藏书万卷自成家。

十六　天捷星没羽箭张清·金性尧

金性尧不以书话名,但其文笔文风对当今书话写作影响甚大。其文史杂著和读书随笔,由"鲁迅风"转为"知堂风",更是耐人寻味。他十八岁就与鲁迅通信,二十世纪四十年代在上海某报还写下长文《新文艺书话》。曾主编《鲁迅风》《萧萧》《文史》,著有《炉边诗话》《闲坐说诗经》《伸脚录》《风土小记》等,人称与季羡林齐名,誉为"南金北季",近年有《金性尧全集》(九册)和《文以载道——金性尧先生纪念集》出版。

金氏在《关于鲁迅的四封信》中回忆了他那时与鲁迅通信的往事,他寄稿给鲁迅,希望改稿后能在报刊发表。而鲁迅只改了几个错字,于是他回复鲁迅信中说了一些"很失望"的话。鲁迅又回复说："先生所责的各点，都不错的。不过从我这方面说，却不能不希望原谅。因为我本来不善于给别人改文章，而且我也有我的事情……我现在确切的知道了对于先生的函件往还，是彼此都无益处的，所以此后也不想再说什么了。"虽然如此，一九三九年金氏主编《鲁迅风》，对鲁迅一直怀有感恩之情。一场历史的误会，使金性尧走上文史研究，离开了现代文学。一九四四年出版《风土小记》和《文抄》，却深得周作人的赏识。周作人说："文君的名曰《风土小记》，其中多记地方习俗风物，又时就史事陈述感想，作风固有特色……自己平常也喜欢这类文章，却总觉得写不好，如今见到两家的佳作那能不高兴，更有他乡遇故知之感矣。读文情俱胜的随笔，可以说是寂寞的不寂寞之感，此亦是很有意思的一种缘分也。"（见《文载道〈文抄〉序》）所谓"他乡遇故知"，其文风大约与知堂相似，或受其影响，在寂寞的不寂寞中有一种书卷气，心心相应，当然就觉得有意思了。由周作人一路下来，金性尧颇不寂寞也。

在《我与书》一文中，金氏自述了读书成长的故事，怎样从读旧书转向新文学，后又回归文史传统。他说他曾要求他的老师给他开书目，那位老师"他提起笔来，第一本便是鲁迅先生的《呐喊》，而且还特地注出里面一篇《阿Q正传》值得细心一读"。是趣味相投，还是习性相近？金氏由鲁迅又转为知堂了。《夜读》说："自苦雨斋《夜读抄》一出，遂令人于夜读之类有深切的怀慕。尤其这篇素雅的小引，读之益对夜读悠然而不能自已。"结句又说："鄙人于夜读亦取近似的态度，喜博览泛阅。虽明知杂而无当,但我的师原不止一个,只要增益孤陋,有裨闻见的,就是鄙人夜读的对象,甚愿于灯前茗右永以为宝也。"这就很有周作人"我的杂学"的味道了。

成玉曰:受"周作人书话传统"影响,文笔文风带书卷气者多矣。金氏承其"风土"一脉,有别于黄裳"书林一枝",深为知堂所感,并引为知己。其编其著,大有知堂遗风,由来亦久矣。

诗云:文史杂著妙生花,原与知堂是一家。谈诗说史记风土,南金北季人人夸。

十七　天暗星青面兽杨志·舒芜

说到舒芜，真是一言难尽。当年因"胡风事件"而闯入人们的视野，牵一发而动全身，至今还为人诟病，百口莫辩，难以原谅。然此亦一是非，彼亦一是非也。其读书，对鲁迅、周作人以及《红楼梦》和女性的研究，硕果犹存，令人瞩目。所谓"周作人书话传统"，舒芜乃一重镇也。

舒芜在失去发表文章的权利二十一年后说："我既无园，也无帷，终日起居坐卧的只是一间伸手不见五指的地下室，尽管我名曰'天问楼'，实际上是难以问到的……现在就把这些年来写的从读书而来的文章……编为一集，形式上可以分为书评、序跋、读书笔记，其实无非读原稿、读新出版的书、读久已出版的书之分，其为读书则一。"（见《书与现

实·题记》)

　　这可能是他复出后的第一本书吧。其中有一篇《谈〈榆下说书〉》,最有趣味。他说黄苗子吃着花生米津津有味地读了黄裳的《陈圆圆》,是因为听他说这篇文章好。"北京的好几个朋友,除了苗子兄,还有周绍良兄也是,我们相见时常常互相报告,黄裳最近又在什么地方发表了一篇什么了。久客上海的表兄马茂元,前年在武昌相见时,谈起《柳如是》,倾倒备至,眉飞色舞地说'几笔就把柳如是写活了,真没想到,天下文章竟可以写到这样的!'"读书人对黄裳书话的喜好,由此略见一斑。其实舒芜的文笔也并不逊色。他最服周作人,并承继了这个"书话传统"。他说:"周作人晚年许多读书笔记之类,往往通篇十之八九抄引古书,但是加上开头结尾,加上文与文之间的几句话的连缀点染,极萧寥闲远之致,读起来正是一篇贯穿着周作人的特色的文章,可谓古往今来的一种创体。"(见《周作人概观》)其评价之高,出人意表,与书话"故事",迥然有别矣。这就是周作人书话最不易学而又转为最容易学的地方,很多人在"抄书"中失去个人特色,不见学识和修养,苦涩变为枯涩耳。

　　舒芜说:"周作人的小品文的清冷苦涩,并不是'郊寒岛瘦'那一流,相反地,这种清冷苦涩又是腴润的……所谓腴润,首先是内容方面,就是作者胸襟气度,对生活的广泛兴趣和广博知识,对他人特别是平民百姓妇人孺子的理解和同情,在审美标准上不刻薄,不峻削,不杀风景。"置之今日,那些貌似周作人的人中,有几人具此气象?

成玉曰：我读舒芜亦久矣。一种啼笑不敢之情，常常徘徊在心头，夫复何言？其饱受争议，历尽坎坷，犹不忘读书，真乃一书生也。可惜，才有余而气不足，悲夫！

诗云：我欲问天天不语，一生坎坷遭奇遇。身后是非谁人说，留得人间数卷书。

十八　天祐星金枪手徐宁·王元化

　　王元化早期以研究文艺理论和《文心雕龙》闻名于世，饱经忧患后，思考和反思中国思想和中国文化，被誉为与钱锺书齐名，有"北钱南王"之称，又与李慎之有"北李南王"一说。其赫赫有名，乃"当代理论第一人"（黄裳语）也。

　　王氏研究《文心雕龙》长达几十年，他说："当我开始构思并着手撰写它的时候，我的旨趣主要是通过《文心雕龙》这部古代文论去揭示文学的一般规律。"（见《文心雕龙讲疏·序》）在这篇自序中，他特别引用了黑格尔的名言："精神的伟大和力量是不可以低估和小视的。那隐闭着的宇宙本质自身并没有力量足以抵抗求知的勇气。对于勇气的求知者它只能揭开它的秘密，将它的财富和奥妙公开给他，让他享受。"王氏说这句话充分显示了对理性和知识力量的信心。在这种精神的感召下，王氏古今中外，上下求索。当李泽厚二十世纪九十年代中期宣告"思想家淡出，学问家凸显"时，王氏闻声便提倡"有思想的学术和有学术的思想"。以独立人格和自由精神，成为世纪末新思想启蒙的代表人物。登高一呼，影响深远。

读书如果不是为了做学问，王氏《清园夜读》和《思辨随笔》，最接近书话。用他的话来说，乃另一"夜读抄"也。他在《鲁迅与周作人》一文中说："鲁迅晚年有些文章是以周作人为对象的。据我浅见，鲁迅的《喝茶》就是和周作人的《苦茶随笔》针锋相对的。这篇文章十分精辟地勾勒出大动荡时代以周作人为代表的那种逃避现实，不敢使自己的灵魂粗糙起来，却又变得具有病态的敏感和细腻，以致不能经受时代风暴考验的懦怯性格。……鲁迅和周作人的分歧代表同时代两种思想的斗争。如果有人写出这一对兄弟如何在早期重视手足之情，以后由于思想上的分歧而产生了矛盾，那将是一个有趣的题目。"时隔王氏写此文三十多年，这个有趣的题目，做的人还真不少，只是令人满意的却不多也。

成玉曰：王氏读书与述学，怀人与忆旧，启蒙与呐喊，反思"五四"，最具风云气，开新一代读书之风。辨学术与思想，论传统与现代，功德无量也。

诗云：为学不作媚时语，天地浩然有正气。启蒙呐喊勇求知，试看今日几人敌？

十九　天空星急先锋索超·林语堂

林语堂两脚踏中西文化，一心评宇宙文章，在中国现代文学史特别是散文史上，当年就公认为是仅次于鲁迅、周作人之后的第三大散文家。早年办《论语》《人间世》《宇宙风》，提倡"以自我为中心，以闲适为格调"，主张"宇宙之大，苍蝇之微，均可取材"。乃"性灵派"在今日之复活也。

在那个风起云涌的年代，小品文的写作激沽了现代文人学士的创作热情。鲁迅说"散文小品的成功，几乎在小说戏曲和诗歌之上"，鲁迅自己的杂文就是匕首和投枪。而林语堂走的却是另一条路，以自我为中心，或说今道古，或谈诗论画，或记叙山水风情等，提倡幽默与闲适。《言志篇》说："我要有一套好藏书，几本明人小品，壁上一帧李香君画像让我供奉……"在林氏看来，这种小品文应是："言情者以抒情为主，意思常缠绵，笔锋带感情，亦无所谓起合排比，只循思想自然之序。曲折回环，自成佳境而已。换句话说，说理文如奉旨出巡，声势显赫，言情文如野老散游，即景行乐，则或不免惹野草闲花，逢场作戏。说理文是教授在讲台上演讲的体裁，言情文是良朋在秘室中闲谈的体裁。"林氏这种格调，用今人刘绪源的话说是："林语堂散文的题旨有时就显得过小，而不能像周作人那样，让人从普普通通的事上体味到复杂的心境，从小见出大与多来。"（见《解读周作人》）这或许是他们的区别吧。林语堂是真闲适，而周作人则是"假闲适"真苦涩，因为实实在在有他的一生作底子也。

　　林氏一生并无书话专集，钱谷融、陈子善辑林氏读书及序跋等文字编为一册《林语堂书话》。陈子善说，与林语堂的其他文字一样，他的书话有一份作者的真实性灵在。"用林语堂自己的话说，那就是'如在风雨之夕围炉谈天，善拉扯，带情感，亦庄亦谐，深入浅出，如与高僧谈禅，如与名士谈心，似连贯而未尝有痕迹，似散漫而未尝无伏线，欲罢不能，欲删不得，读其文如闻其声，听其语如见其人'。也许你会不同意林语堂书话中的一些观点，但你不能不承认，读他的书话是一种愉快的'发现'经验，可以容你尽情深入思索（假如你有思索的资源的话）。他的书话极具文化素养，是有学问、有见地，又属于好文章的一种性灵文字。"

成玉曰：林氏饱经欧风美雨，其书话有一种蒙田式的"谈话风"，其趣味至上而又幽默闲适，与周作人大异其趣。至少从书话的发展和变化上看，时人所写多为"林氏书话"，虽然达不到知堂书话的"上乘"标准，亦足矣。

诗云：宇宙苍蝇皆文章，脚踏中西众人赏。野草闲花多情致，巴山夜话林语堂。

二十　天速星神行太保戴宗·金克木

说到金克木先生，又想到了当年的《读书》，他是《读书》上最有见识最为风趣最能发表自己独立见解的人之一。其"独白"与"对话"，开一代读书之风。博通古今，融会中西，与季羡林、张中行、邓广铭一起被誉为"未名四老"，名不虚传也。

金氏自叙说："无论中文书、外文书，看起来都只是似曾相识。我仿佛返老还童，又回到了六十年以前和读书的时代，什么书都想找来看看。……看着看着，随手写下一点小文，试试还会不会写十几年前那样文章，笔也呆笨，文也不好。不料《读书》杂志创刊，居然肯打破栏目壁垒，刊登我这些不伦不类的文章。"（见《旧学新知集·自序》）书名取朱熹"旧学商量加邃密，新知培养转深沉"。他说"这集里的文章是稀松、浅薄的，这只是一些读书笔记，甚至可以说是不读书的笔记"。好一个"不读书的笔记"，这才是读书人的当行本色。"书读完了"吗？

金氏读书，迥异常人。他说读书就是读世界，读一个世界，也好像读一本书。"讲话、读书，认识世界不能不经过解说。看一幅画和听一支歌曲也是同样。这都要经过解说而进入一个世界，也可以说是由自己的解说而造成一个世界。解说不能无中生有，所以有来源有积累，有变化，也可以不止一种。这些都可以用读书来比喻。是一个个字和一个个句子结合读出整个文本的内容。也就是由解说构拟出一个世界。"例如此书中就有《谈读书心理学》《中国书的三期变化》《古诗三解》《诗作为传达信息的中介》《诗如何传达信息》等，又如《燕口拾泥》一书中的《"解构"六奇》《反思和深思》《独白·对话·画外音》《六经注我》《说"边"》等，读来令人忍俊不禁，妙趣横生。扬之水有一次到金家访问，"说起钱锺书，金夫人说，这是她最佩服的人。金先生却说，他太做作，是个俗人。"（见《读书十年》一）当然也有人说金氏十分才气，说十二分话。文人雅趣，令人捧腹。

成玉曰：金氏乃杂家奇才，游走古今中外，指点江山，是文人，更是学者。奇思妙想，而又口无遮拦，在"解构"中，融文学与自然科学于一体，活脱脱一个"老顽童"也。

诗云：燕口拾泥旧巢痕，金木水火竞相生。读书读人读世界，六经注我赋新声。

二十一　天异星赤发鬼刘唐·俞平伯

曾几何时的一场批判运动，使身在书斋安身立命的俞平伯家喻户晓。这大概是来自《红楼梦》的魅力，亦得自他自己研究《红楼梦》的影响吧。作为周作人"四大弟子"之一，他一生追随周作人做学问写文章，更没有想到因《红楼梦》而声名远播海内外。成也红楼，败也红楼，大才未尽，又倦说红楼也。

俞氏出身书香之家，曾祖父俞曲园因"花落春仍在"得曾国藩赏识，一时传为美谈。俞氏承其家学，早期经新文学洗礼，以新诗和散文知名于世，后又研究古典诗词和《红楼梦》。其《杂拌儿》《杂拌儿之二》深得周作人心传，周作人两题其书（一跋一序）。周作人说："平伯所写的文章自具有一种独特的风致。——嘿，在这个年头儿大家都在检举反革命之际，说起风致以及趣味恐怕很有点违碍，因为这都与'有闲'相近。可是，这也没有什么法儿。我要说诚实的话，便不得不这么说。我觉得我还应该加添一句，这风致是属于中国文学的。是那样的旧而又这样的新。"一九八二年十二月，江西人民出版社出版"百花洲文库"时又收录了这两本书。施蛰存在《题记》中说："平伯先生的著作，我总是一出版就去买来读。因此，印象很深。《燕知草》和两本《杂拌儿》，我尤其喜欢，因为他们是有独特风格的新散文。"

关于俞氏散文，周作人《燕知草》跋文说："我平常称平伯为近来的第三派散文的代表，最有文学意味的一种，这类文章在《燕知草》中特别的多。"今人刘绪源《解读周作人》说："周作人如此赞赏俞平伯的散文，除了俞平伯是他的学生，俞平伯的文学主张大都是从他这儿继承去的，除了俞平伯文章本身之美，那文风和情调都与知堂老人相接近外，更主要的，还在于俞平伯作品中的那种'涩味'，与周作人的心灵相通，而他恰恰又认为当时流行的散文正好由于缺乏这种'涩味'，因此变得过于浅显贫薄。"

成玉曰：书话有"涩味"才耐读，文章有趣味才好看，刘绪源说的没有错。只是我们今天的书话在变化和发展中失去了方向，很多流行的书话在"浅显贫薄"中离真正的书话传统越走越远。

诗云：花落春在说红楼，误尽平生几时休。甘口苦口学知堂，不见长江天际流。

二十二　天杀星黑旋风李逵・李一氓

回想当年生活・读书・新知三联书店那套经典的"书话丛书"，真是令人神往。其中李一氓的《一氓题跋》最引人注目。"题跋"二字又重见现代学林，且精装精印，竖排简体，一册在手，赏心悦目，令人叹赏不置。题跋乃"书话"也。

黄裳说："这是一本非常美丽的小书，拿到手上引起由衷的欢喜。无论版式、装帧、印刷都是出色的。翻开目录，果然发现了许多极有兴味的旧本书题跋，而且立即读完了。……《一氓题跋》也收入了一些序文，有些过去也曾读过。序比跋一般要长些，内容也不同，因此要放慢一点来读。后来在读这些序文时，心情逐步沉静下来了，最后是肃然地掩卷，读旧书题跋时的那种轻松的情绪消失了。这时，我觉得自己最初的印象改变了，这并不是一本'小书'，其实应该如实地说是一本'大书'。"（见《银鱼集》）黄裳说作者讨论的对象包括治印、书法、绘画、素描、插图、木刻、摄影、造园、版本、女工等许多方面。李氏三跋《花间词》，比较不同时期不同版本以及流传等，用黄裳的话来说，有一种崭新的研究作风。在那个时代能有此实事求是的作风，难能可贵。

一九八五年五月，生活·读书·新知三联书店又出版了他的《存在集》（版式相同，平装本），扉页题："献给潘汉年同志。"后记说："中国文化思想史上有些现象是很奇怪的。《汉书·艺文志》所著录的那许多家，都新鲜活泼具有充分的时代精神和实践意义，因为他们都要求变革。"所以他的《论古籍和古籍整理》和《再论古籍和古籍整理》二文，在今天读来，更是意味深长。他那时是国务院古籍整理出版规划小组的组长，很注意发现和培养这方面的人才。例如胡道静校订《梦溪笔谈》，锺叔河编辑"走向世界丛书"等，都是他发现和邀请来的。

成玉曰：书话一体，乃从题跋中来。由题跋而书话，最见读书治学的文化底蕴。怎样变化，如何发展，令人深思。"故事"而外，其文笔与趣味以及史料运用等，乃点睛之笔也。

诗云：书到人间都是诗，一氓三跋《花间词》。古籍整理重人才，走向世界多壮志。

二十三　天微星九纹龙史进·陈原

说到陈原先生，所谓高山仰止也。他一生横跨三界（知识界、学术界和出版界），影响甚大。一、编词典，包括《现代汉语词典》；二、出版"汉译世界学术名著丛书"；三、创办《读书》并开专栏"在语词的密林里"。陈原说张元济是中国知识界的骄傲，我们同样可以说，陈原是中国知识界的骄傲。

什么是书话？陈原在《陈原书话》的选编后记中说："书分三辑，名之曰上中下三编。上编十二篇，全是新作，或于最近两年，讲的都是与书有关的'故事'，不不，应当说是有关的我和书的私事。……编完一看，好像是书话，又好像不是书话。故友唐弢似乎认定'书话'这种文体是一种散文——这种散文'需要包括一点事实，一点掌故，一点观点，一点抒情的气息；它给人以知识，也给人以艺术的享受'。他说得真好而且很形象化。可否理解为既不全是资料，不全是考证，也不尽是理论分析？"问得好！书话就是讲我与书的"私事"（故事）。读陈原的书林三部曲（《书林漫步》《书林漫步续编》《书和人和我》），其爱书一生，令人肃然起敬。他说他爱书、恨书、买书、读书、失书、得书甚至焚书、禁书等。他写过失书记、得书记、焚书记、偷书记、掌上书记、腹中书记、不读书记等。

在《书中的话》一文中，他说"书中的话不是书话；但如果加圈圈点点，再加上评注，那就成了书话。我爱书，可是我有个坏习惯，喜欢在书中添上红红绿绿的符号，这些符号只有我自己能解读；有时还加几个字的批语，这些批语往往不成文，可是写成普通话却变成一则复一则的书话"。真是别具慧眼，令人捧腹。细细味之，妙语解颐。在《书和人和我》的前记中，他讲了一个很有趣的故事。原来我们现在所说的"书人"二字，是他从英语中硬译过来的。他说"莎士比亚时代这个词指的是学者和学人，经过百年沧桑，词义逐渐扩大，连出书的、编书的、卖书的，总之凡与书沾边的人，都包括在内，只有那些焚书者决不能得到这样的'昵称'"。到底是著名的语言学家，出手不凡也。

成玉曰：书话自唐弢而下，在陈原手中由"掌故"演变为讲"我与书的私事（故事）"，由书斋走向民间，在"不全是资料，不全是考证，也不尽是理论分析"中，每个爱书人都有自己的故事，这就是书话。

诗云：书林漫步跨三界，读书种子词语栽。欲说书话先有我，世上书人齐登台。

二十四　天究星没遮拦穆弘·巴金

在姜德明主编的"现代书话丛书"中，《巴金书话》最引人注目。巴金不以书话名，但他一生从事编辑工作，写下了大量的序评广告文字。特别是那些书广告，很有自己的特色。在某种意义上，书评、书话、书广告三位一体，乃是我们书话发展的一个新方向，也未可知。《巴金书话》的编选者纪申说，这些短小文字，风格独具，该是另一类书话吧。

巴金是一个藏书家，黄裳《巴金和李林和书》一文中说："……只见（巴金）整个房间都为排满的书橱占据，书架成排，中间只留下仅能侧身而过的空隙，有如八阵图一般，只有房间右前方临窗处留下一个角落，有一张小桌和座椅，这就是工作的所在了。书橱里全是外文书，使我惊叹，巴金真是名副其实的大藏书家。"据《中国读书大辞典》：一九八二年开始整理藏书，并向北京图书馆、上海图书馆、福建晋江黎明大学捐赠，计万余册，其中最多的是现代文学馆，以一九四九年前旧期刊为主，如《文学丛刊》《中流》《文学》《文学季刊》《收获》等，从创刊号到终刊号无缺。在一九八六年第七批捐赠中，包括手稿、著作近千件（册），茅盾、叶圣陶、郑振铎、阿英、冰心、朱光潜、李健吾等人签名本数百册，报刊近万种。据巴金研究专家周立民最新统计："巴金捐赠给国家图书馆书刊共七千多册，中国现代文学馆九千多册，上海图书馆6395册，泉州黎明大学7073册，南京师大附中六百多册，香港中文大学七十一种1202册（以线装书为主），另外给成都慧园等机构也捐赠过图书。如此算来，巴金的藏书总有七万册之多。"由买而读，由读而藏，由藏而捐赠，巴金奉献了自己的一生。先生之风，山高水长。

把新文学广告列为书话研究，是近几年来书话发展的一个新特点。彭林祥《中国新文学广告研究》就有一篇《借鉴书评、书话来写广告》，对书话的发展变化作了一个有益的探索。他说："书广告的内容介绍一般不超过两三百字，有的其至一句话，而一般书评是远超这一长度的。同时，有些广告，还配有插图、书影、手迹等内容，使得书广告形式多样……"又说："巴金先生在一生的编辑生涯中写了大量的书广告。这些广告写得很有文采，在优美而实在的文辞中实现了推销的目的。"著名作家郭风说："他所写的关于《安那·卡列尼那》的广告，实在是一篇美丽、动人，深刻的散文。在近二百字的散文中，融化着抒情和尊敬的笔调，概述了托尔斯泰一生的艺术成就，概述了《安那·卡列尼那》的题旨和艺术成就，并对于一位献身于爱的悲剧的俄国妇女唱一支挽歌，其笔墨间流露出来的有关对艺术论断的评论力量，更使人惊叹不止。"（转引彭林祥《中国新文学广告研究》）

成玉曰：在今天书话的创作中，如何借鉴书广告的写法，以书话为对象，引领读者爱书，乃书话功能之一。巴金先生的书广告为我们提供了很多成功的经验，虽然书广告不是书话，但书话可以借鉴书广告的长处，更加贴近读者。运用之妙，存乎一心。

诗云：藏书万卷读万家，慷慨捐赠传天下。书评广告合一体，开出今日新书话。

二十五　天退星插翅虎雷横·董鼎山

　　董鼎山《天下真小》在生活·读书·新知三联书店出版后,其《西窗漫记》又由香港三联书店出版,这是他在香港和《读书》上的专栏"纽约航讯"等的结集。从创刊号上的《作家和书评》起,这位"纽约客"给我们介绍了西方文化动态,特别是美国文坛的文化讯息,令人耳目一新。一纸风行,天下真小也。

　　杜渐序《西窗漫笔》说:"我认为董先生的文章写得很有分量,在剖析外国文化方面颇有独到的见解。他写文章,并不像某些人故弄玄虚,写得晦涩难懂,以炫学识,恰恰相反,他写得平易近人,能把相当深刻的问题,以亲切诚挚的语言娓娓道来，好像与读者促膝谈心一般。他的书话，并不局限于就书论书，往往旁征博引，挥洒自如，牵涉相当深广的层面，但却条理分明绝不散乱，使人一目了然。"他说，我相信，只有把书看作有生命的作者，才能写出有生命力的书话。这或许就是董鼎山先生的书话特色吧。

虽然董鼎山长期生活和工作在美国，但他对国内的文坛却了如指掌，他曾多次回国与朋友相聚，直陈时弊，人称刚正不阿。《散文杂谈》中，他忠告文学青年说："切不可以为：单是将文字的堆砌，词藻的运用，五颜六色形容词助动词的重叠，浓甜的气味，与抒情的风格拼合起来，便可成为精湛的文学作品。写文章的第一要素是言之有物。"又，他在《这是书评？》中举例说明一篇写巴金的书评，空洞无物。他说用这样的"抒情散文"方式来写书评更是让人闷不可言。"艳丽词藻的堆砌，对读者所引起的情绪只是肉麻感。"三十年过去了，他说的这些现象，在今天并没有绝迹，甚至愈演愈烈，文风关乎时代。他说他初学写作，最崇拜何其芳的《画梦录》，但却有一个不可救药的毛病就是专注于形式，与文字外表的精美。他在《失败的诗人》一文中说："真正不朽的散文，不是艳丽浓郁的而是清新、简明、隽永，可以读了再读，回味无穷。浮现在我脑海里的两个名字是周作人、朱自清。"

成玉曰：别有趣味的是，他还写了一篇《堆砌词藻的"艺术"》。他说堆砌词藻的文字游戏已发展成为一项"艺术"，而你如果精通它,无异于找到了一条进身文坛的捷径。从名词、形容词、动词等,他列举了大量的词汇为"抒情散文"画像。最后一句说:"何其芳在九泉下一定难以瞑目。"

诗云:西窗漫记天下小,欧美风云雨潇潇。我本不是纽约客,故国情怀冲九霄。

二十六　天寿星混江龙李俊·谢国桢

杏花春雨，江南访书，读谢国桢先生《江浙访书记》，心向往之久矣。顾廷龙代序说："先生博览群书，熟谙版本，流传多寡，如数家珍。"访书读书，历来是书话的看点之一，亦是书话掌故之渊薮。在可遇不可求中，尽显书话本色。

邓云乡《书斋忆旧——纪念谢国桢先生》一文说："谢老一生最大的乐趣就是访书、买书、看书、介绍书……谢老访书、买书、写题跋、写访书记，都涉及版本、目录方面的情况。但谢老不在于版本目录上，而在于书的内容，在于书的历史价值和专业需要上。从明、清社会史的角度看，有时一本极不起眼价钱很便宜的破书，却是很有价值的史料。"谢氏访书写题跋，文笔优美，亲切有味。其题《瓜蒂庵自藏书》说：

"余所得者，皆人弃我取之物，如拾秋后之瓜蒂，尝我嗜痴之癖；足吾所好而已，留守处瓜蒂庵名其书斋，检其所心爱者撰为题记，以志鸿泥指爪，就正于通人，以资噶噱而已。"人弃我取，乃书生本色也。

书话在某种意义上说，乃是一种"回忆"性的文体，在书与人的回忆中，一本旧书，一段题跋等，睹物思情会引发出一个一个的故事。谢氏跋《何氏语林》时，就忆及了儿时读书的情景："趋庭之暇，先祖母授以《毛诗》及《说文部首》，略能上口，先祖恒以读书致用相勖，桢虽童稚无知，然窃以自喜，且以自励。时则槐荫满庭，新月窥窗，室内灯火莹洁。又喜听祖母为余讲故事，瞪目静聆，每至更阑，催督者再而犹不肯入睡。回首童年，恍如昨日事。"都说青灯有味是儿时，读先生这段话，又想到三更有梦书当枕。读书之乐，恰如古人所说："居然无事，饱暖，读古人书，人间三岛。"然今日何日，得读书之趣而忘个人得失不计名利之人，似乎越来越少了，一时代之风气如此，又何言哉？

成玉曰：记得曾买过几本《瓜蒂庵藏明清掌故丛刊》的影印本，如张大复的《梅花草堂笔谈》等以及《增订晚明史籍考》，但读得最多的还是这本《江浙访书记》。一卷在手，得书话之趣，享受不尽也。

诗云：杏花春雨访书天，瓜蒂庵中藏万卷。人弃我取莫笑痴，书生本色著宏篇。

二十七　天剑星立地太岁阮小二·邓之诚

在二十世纪那个书话热中，辽宁教育出版社将邓之诚《桑园读书记》收入"新世纪万有文库"，并附《柳如是事辑》。邓之诚先生是著名的历史学家，也是一个很有特色的藏书家。著有《骨董琐记》《清诗纪事初编》等，藏明、清诗文别集之多，一时无双。近年又出版了《邓之诚文史札记》（由邓端整理、凤凰山版社二〇一二年四月第一版），系从《五石斋日记》整理而出。

《桑园读书记》是继《越缦堂读书记》《郑堂读书记》《藏园群书题记》后又一名作。读书记和藏书题跋向为书话之渊薮，或者说现代书话乃由此而来，名异而实同也。例如叶灵凤的《读书随笔》就是一本很经典的书话。黄裳《关于"提要"》

说:"《桑园读书记》的特色,照作者的话来说,是'几乎合提要札记而为一类'。这是一种方法,与之相对,成为两个极端的,好像可以举出鲁迅为许世瑛开的书单。鲁迅只举出了十二种书,有的附有简单的说明,往往只一句,可谓要言不繁,但也不是随便说的。"提要、札记、书单,这是读书治学的门径,属于目录学范围,而书话一脉正是从中发展演变而来。

邓之诚《桑园读书记》自序说:"解题之作,始于晁陈,至《四库提要》,辨体例,纠谬误,而愈精矣。其荟萃事目,以备遗忘者,则为类事。二者各有藩篱,若不可合。妄意以为若为叙录,当撮其内容,使未读是书者,稍明途径,且知某事见某书,为较切实用也。辛巳之冬,太平洋战起,横被陷阱,及其释系,已历半载,遂卜居成俯村,闭门忍饥,不与人事。日以读书自遣,虽不免庞杂,而一书必贯彻首尾,有足参稽者,间附己见。恒题于书眉,或别纸书之,不忍捐弃,暇日择录为一卷。盖几几乎合提要、札记而为一类。"又说:"有人每得一事出处,自诩发明;而薄之者,则谓'固在书中,俯拾即是',皆不免过甚。书贵细读,尤贵慎思,始不遗不漏也。"其实虽为老生常谈,但最是不易。这是读书治学的基本常识,也是最高境界。"不遗不漏",才是真学问。

成玉曰:在撰写《书话史随札》时,邓氏此书对我启发最大。合提要札记于一体,使初学入门者,稍明途径,实乃我心愿。此书如有可取,大抵在此。今撰"点将录",其意亦同矣。

诗云:桑园读书忍寂寞,闭门著书佳作多。提要札记合一体,别是书话别有乐。

二十八　天竟星船火儿张横·谢兴尧

自叶德辉《书林清话》《书林馀话》后，曹聚仁又有《书林又话》，辛德勇有《书林剩话》，谢兴尧先生在《堪隐斋随笔》中更有《书林逸话》。一"书"又"书"，一"话"又"话"，"书话"何其多也。五十年后，谢兴尧又写了一个《书林逸话》的续篇《我与书》。读书人爱书人，一日不可无此君也。

《书林逸话》小引说："余自民国十四年寄迹故都，屈指计之，小小廿年矣。中曾旅居沪上，食教汴梁，漫游钱塘，访古姑苏，凡所至之地，莫不以搜求故书寻辑遗本为职志，盖嗜好所在，莫知其然。故十余年来，亦略有所得，尤以故都之文化市场，由购书而接交书贾，又由考订而知旧家遗物，固乐事趣事也。于是略悉书价之起伏，书籍之循环，与夫珍本秘籍之归宿，显宦学人之收藏，以及南北书价之比较，南北书贾之作用。"读此，我们可以想见当日社会文化之变迁以及南北书林之趣事，较叶氏《书林清话》更有亲切感。此文曾刊一九四二年上海《古今》杂志，一九五七年张静庐又收入《中国出版史料》补编，一纸难求也。

他在《我与书》中说："我和书打交道五十余年，平生与书的关系，可以说盛衰相伴，荣辱与共，在任何环境中，没有离开过它。但是在某种特殊情况下，又亲眼抛弃它，亲手焚毁它，悲伤痛惜之情，实非语言文字所能描绘，现在就我的志趣，写成随笔，从时间环境分成两段，谈藏书、抄书、读书三者，是解放前的事。谈焚书、买书、换书三者，是文化革命以后的情况，概略叙述，聊抒胸怀。"他在《读书有味聊忘老》一文结尾处，赋诗曰："一别红楼五十秋，狂狷少年已白头。学海深渊难探索，文物遗址拟追求。喜闻师友谈古今，未将黑白逐时流。夕阳残照虽云晚，隐居蜗庐再自修。"他说岁月已逝，迷学业无成，抚摩旧册，缅怀前辈，往迹如烟，曷胜惆怅。

成玉曰：从清话、馀话、又话、剩话到逸话，书林掌故，不绝如缕，此乃书话本色。爱书、买书、读书、藏书，每个爱书人都有自己的故事。时代变迁，书与人共命，历经沧桑的书林往事，在回忆中表而出之，乃书话也。

诗云：堪隐难隐不忍隐，白发书生儿女心。读书忘老聊旧事，篇篇书话说古今。

二十九　天罪星短命二郎阮小五·郁达夫

"绝交流俗因耽懒，出卖文章为买书"，一部《卖文买书》（陈子善、王自立编，生活·读书·新知三联书店，一九九五年三月版）道出百年文人的读书"自况"。胡愈之先生说，郁达夫是中国现代第一流的诗人和作家。郁达夫读书之广博，著书之真诚，藏书之丰富，评书之直率，在中国现代作家中首屈一指。

陈子善、王自立《编后缀言》说："如果把郁达夫关于中外图书的各类文章结集在一起，也许有人会喜欢读，因为从中可以清楚地领略郁达夫关于著书、译书、编书、印书、买书、读书、评书、藏书、失书的精辟见解，可以增长许多有关书籍的见闻，从而有助于我们陶冶读书的情趣，提高读书的鉴赏能力。"郁达夫是个书痴，他爱书如命，"卖文买书"正是他买书、读书、藏书的真实写照。本书还附录了《郁达夫日记中关于图书记载摘编》，三言两语，最见性情。

郁达夫《〈中国新文学大系·散文二集〉导言》说："……到了春秋战国，孔子说'焕乎其有文章'，于是'夫子之文章可得而闻'了；在这里，于文字之上，显然又加上了文采。至于文章的内容，大抵总是或'妙发性灵，独拔怀抱'（《梁书·文学传》），或'达幽显之情，明天人之际'（《北齐书·文苑传序》），或以为'六经者道之所在，文则所以载夫道者也'（《元史·儒传》），程子亦说'道者文之根本，文者道之枝叶'。而六经之中，除《诗经》外，全系散文；《易》《书经》与《春秋》，其间虽则也有韵语，但都系偶然的流露，不是作者本意。从此可以知道中国古来的文章，一向就以散文为主要文体，韵文系情感满溢时之偶一发挥，不可多得，不能强求的东西。"他这里谈中国文章传统，顺流而下，乃至唐宋八大家崛起，虽然为周作人所不喜，但毕竟是文章正途，长江黄河也。

在《妄评一二》中，他说："鲁迅的文体简练得像一把匕首，能以寸铁杀我，一刀见血。重要之点，抓住了之后，只消三言两语就可以把主题道破——这是鲁迅作文的秘诀……与此相反，周作人的文体，又来得舒徐自在，信笔所至，初看似乎散漫支离，过于繁琐！但仔细一读，却觉得他的漫谈，句句含有分量，一篇之中，少一句就不对，一句之中，易一字也不可，读完之后，还想翻转来从头再读的。当然这些是指他从前的散文而论，近几年来，一变而为枯涩苍老，炉火纯青，归于古雅遒劲的一途了。"文如其人，虽然不一定很是如此，但大抵不会差太远。至于"人归人，文归文"，也许是更一种说法，也未可知。

成玉曰：每念"卖文买书"四字，总有一种说不出的滋味。买书何必卖文耶！但就书话说，"卖文买书"一定就有故事。而书话的动人之处，就在这一"卖"一"买"中尽显读书人本色。读书人不必"卖文买书"，而书话不能没有故事也。

诗云：卖文买书似艰难，绝交流俗因耽懒。书话不能无故事，写罢自吟还自看。

三十　天损星浪里白跳张顺·邓云乡

在"周作人书话传统"中,邓云乡后来居上,承继知堂"风土"一脉,其《鲁迅与北京风土》《红楼风俗谭》等,最有影响。怪不得止庵要说"世上已无邓云乡"了。还有人说,云乡身后,谁能继之。其学识渊博又兼具闲情雅趣,在"杂"与"专"中,当代人无与比肩。奇人一个也。

邓云乡《水流云在杂稿》后记说:"文章不一,长短不齐,其杂一也;有文有史,有的文中有史,有的史中有文,其杂二也;其中大部分已在杂志上发表过,个别几篇,没有发表,其杂三也……'四库'中,有'集'一类,称'集',那是可以入著作之林的,是高级文人的事;而我,有自知之明,只能称

'稿'而已。"读此，想到陈寅恪先生的著作差不多也都是称"稿"的，老辈治学，令人景仰。邓氏又说："'杂稿'而已，又何必加'水流云在'四字呢？简言之，取其意境而已。"杜诗有"水流心不竟，云在意俱迟"。他说，在乡间野望，面溇溇之流水，望悠悠之白云，与情俱化，又加"心不竟""意俱迟"三字，"不竟"是无求无争，"俱迟"是与云同样舒缓，正如彭泽令之"云无心而出岫"也。以此胸怀，可以作人，可以处世，可以交友，可以谈情，可以言诗，可以论画，可以品茗……虽不能至，心向往之也（见《水流云在杂稿·后记》）。

他喜欢读前人的日记，写过《读〈曲园日记〉》《日记文学谈丛》。他说："从一则日记中，往往也能看到一个人内心深处的精神世界。这是从任何列传、家传、别传、事略、墓志铭，以及本人的诗、文等著述中得不到的。日记的特点是排日记事，记下主人公每天的生活情况，一般来说，原本不是当作著作的，也不预备给别人看，因而是它在文字上并不着意修饰，只是根据写者当时的思想、文采水平信笔记下的。……日记对其作者说，虽然是随手札记，并不把它当作文章来着意馁饤，但在各家笔下往往是'浓妆淡抹总相宜'的，一样能写出十分优美的文字来。"由此想到今天我们的读书人喜欢写一些书事日记，大约也是一道读书的风景吧。

成玉曰：邓云乡写"风土"杂记，最为人所不及。他还写过《书话四则》，其《苦吟和苦心》说："湖州费在山先生，寄来两本新书：《苕雪声汇集》，而且有一个副标题：'湖州市诗词学会成立五周年纪念',我拜读了之后,忽然想起这个题目:'苦吟和苦心',或者也可以叫'苦心和苦吟',想好此题,不胜感慨系之了。因为想想总是'苦'的……能不感慨吗?"怪不得他能得知堂神韵,原来有"苦"也。

诗云:世间已无邓云乡,水流云在名物长。鲁迅红楼风俗谭,趣说苦味皆绝唱。

三十一　天败星活阎罗阮小七·范用

说到范用先生，不能不想到《读书》。在当年的风口浪尖上，他主持创办的《读书》犹如一夜春风，繁花盛开。据说他曾立下军令状，万一《读书》出了问题，全由他一人负责。果然在创刊号上李洪林的一篇《读书无禁区》还真惹了一场风波。范用有"三多先生"之名，即"书多、酒多、朋友多"。他的一生是"为书籍的一生"，号称"最爱美的出版家"。范用乃书痴也。

唐弢先生说，没有范用，就没有我这本书（指《晦庵书话》）。遥想当年，三联书店在范用的主持下出版了一大批中外名著，产生了很大的影响。例如《傅雷家书》等，嘉惠学林，功德无量。特别是那一套书话丛书，至今还被读书人奉为至宝。他设计的这些书话集，装帧淡雅，最有书卷气。封面用作者的名字，选用旧日的花笺做装饰，扉页用一幅作者手稿，既富个性，又多情趣，给人一种美的享受。一部《叶雨书衣》，见证了他对书籍装帧设计的美学理念。一部《书痴范用》，道出了爱书如命的为书一生。

黄裳说："范用当时不只是《读书》也是三联的老板。我拜访过他的办公室，吃过他的速溶咖啡，一起吃过书店的食堂，参加过他举行的大宴会，说是顺便为我接风的，在这次会议上我第一次遇到沈昌文。范用怕我寂寞，还派人送来一大堆杂志供我消闲，他为《读书》要我'出题做文'，他为我印了《榆下说书》等四本书，多半是在《读书》上发表过的文章。他介绍我在香港三联印了几本漂亮的小书，他对我说过'你在三联出书经济上是不合算的'。我没有应声。时我的兴趣所在是文章一篇篇地发表，书一本本地印出，没有订过一份合同，更不问稿酬、印数……这些细节，一切按书店的规矩办。"黄裳还说他那本修订版的《珠还记幸》，起因是范用老板的一封信促成的。（见《我与三联的"道义之交"》）

成玉曰：书林逸事，过往成迹。二位先生已魂归道山，"说着同光已惘然"，"道义之交"亦远矣。

诗云：一夜春风读书来，书迷书痴都云呆。铁肩奋起担道义，百年难遇翻海才。

三十二　天牢星病关索杨雄·谷林

在健忘的历史中，我们的新时期又复活了很多传统人物，谷林乃其一也。这一道"旧风景"，扬之水用《世说新语》中的话说谷林"清虚日来，道心充满"，是一叶绿窗风景。谷林读书，承知堂一脉，有"曾在我家"为证。出版有《书边杂写》《书简三叠》等，他整理的《郑孝胥日记》，最为读者称道。

扬之水《绿窗下的旧风景》说谷林："自幼爱好文史，却情不得已作了一辈子财务，原是人生道路上的一番阴错阳差，——听了这一段经过后，直是不胜嗟叹，有缘？无缘？世事果然有个'缘'么？不过，在退休之前的十年，到底又是一番阴差阳错去了历史博物馆，专意整理文献，算是了此情缘，这一回，又似乎是个开端；整理了二百万字的《郑孝胥日记》，又出版了一本文集；更有了《读书》上的'谷林'和'劳柯'，不论'品书'还是'琐掇'，都是极见风格的文字。"其实扬之水不必"嗟叹"，谷林正逢其时也。按照中国传统，厚积薄发，大器晚成，才是真的大。

陈原说："谷林是个书迷。书迷者，仿佛是为书而生，为书而死，为书而受难的天下第一号傻瓜。他对书着了迷——虽则他的职业是打算盘（那时还没有计算机）——他却迷上了书，读书有益无益，大益小益，他全然不管，尘世的明争暗斗低级趣味的欲望全没有了，他从所迷恋的书中得到了一种高尚的情操，一种向上的理想，一种人生的乐趣，一种奉献的品格。"谷林《书边杂写》说："尽管长居城市莫不有公立图书馆，工作单位也总有资料室，却还是老爱自己买几本书，而且有时候是在借到读过之后，再去买的。"他说这样的好处是可以在书前书后天头地脚随意涂抹，还可以摘抄相干或不相干的资料，记下阅读中一闪而过的飘忽联想。要说谷林读书有什么秘诀，这大概乃其一吧。不动笔墨不看书也。

成玉曰：有人说谷林写文章很精致，其实在"精致"之外，更有精炼和准确。不多不少，不前不后。恰如其分，恰到好处。这是他几十年修来的结果，也是别人想学而学不到的。

诗云：大器晚成说谷林，寻常读书别有情。我才无用亦天生，为书受难还共命。

三十三　天慧星拼命三郎石秀·雷梦水

　　书林清话，前尘梦影。雷梦水先生的《书林琐记》记录了他在旧书店与古书打交道的一些趣闻逸事，同时还介绍了许多古籍版本知识以及古书聚散和藏书家的种种喜好。本书由启功先生题签，人民日报出版社一九八八年四月出版。这样的"贩书偶记"，闲闲读来，亲切有味，不可多得也。

　　他的老朋友姜德明说："数十寒暑，清贫如故，爱书的心却没有变，好不容易有了新居，也享受了专家的待遇，他却走了。他对得起读者，也对得起滚滚而来，又一本本从这里散出去的书。他为这古老的书店留下些什么？以后人们还认得他吗？"时移世换，姜先生的一问再问，不能不令人感慨系之。

　　雷梦水说："一九三六年，我年方十五岁，读至高小班肄业，因家庭生活艰难，投舅父孙殿起为老师，于北京琉璃厂通学斋书店学业，孙师性勤俭，酷嗜目录学，读书辑录恒至午夜。孙师授我以清代张之洞《书目答问》及诸名家目录学，继以讲授版本及其传本、价值。我随听随记，才决心写起目录，得暇必缮录，以图强记书名、作者，至略识版本。涉检诸家目录以作考证。"（见《我与古书》）在孙殿起的鼓励下，雷梦水先后代其编写、整理了《琉璃厂小志》《贩书偶记续编》以及自著《古书经眼录》《室名别号索引补编》等。他在《书林琐记》中写了《朱自清先生买书记》《邓之诚先生买书》，还有一篇《谢国桢的两首诗》。在长期的卖书送书中他与这些读书人结下了深厚的友谊，大学者与小店员亲如一家。雷梦水听他们说书谈书，指点迷津，在旧书店中打滚，终于成为一代名师。

成玉曰：三百六十行，行行出状元。由雷梦水《书林琐记》、孙殿起《贩书偶记》，我又想到杭州的严宝善的那本《贩书经眼录》。一个"贩"字，俗中见雅，雅中有趣，这是现在很多人都难以体会的。由书贾、书商而自学成目录版本专家，大抵从"眼学"而来，而这种学问到现在似乎离我们越来越远了。

诗云：为书辛苦为书忙，趣说当年旧时光。古本经眼皆学问，贩书偶记滋味长。

三十四　天暴星两头蛇解珍·吴德铎

吴德铎是著名的科技史研究专家，著作有《科技史文集》，同时又是一个写博物小品的高手，如《格物古今谈》《博物古今谈》《博物识小》等，特别是《文心雕同》，妙趣横生，他的朋友傅雷说这些文章是"近二十年罕见之散文"。

大凡在读书上有所成就者，多为书痴书迷，而且还有不少的"业"外人士。"职业"与"事业"是一对有趣的矛盾，至少在读书上大有可观。运用之妙，存乎一心。吴德铎在《文心雕同》"告读者"说："凡是写文章的，都可称为'文人'（在下也许可以忝居其一）。但决不都是文学家。凶而有关文学的文章，便不一定非出自文学家不可。我之所以敢写这类文章，是这些年来一直信奉这一并非人人都赞成的原则，在有些人心目中，不是文学家，居然也议论文学，甚至著书立说，即使不是大逆不道，至少也是班门弄斧和不务正业——多年来，我一直戴上这项不能说是很轻松的帽子。"原来他在研究科技史的同时，喜欢写一些知识性的博物小品，发现古今中外不少的故事、传说、神话、逸事有着惊人的相似，于是就有了这本《文心雕同》。他在撰写这些文章时，和季羡林、施蛰存、傅雷都成了好朋友。施蛰存对他说："你有你的职业，但你也可以另有你的事业。"特别是傅雷，在闭门译书之际，概不见客，但吴德铎却是例外，他可以经常去看望傅雷夫妇，结下深厚的友谊。本书中有好几篇讲傅雷的故事。如《傅雷和他的书》《〈傅雷家书〉的故事》等。吴德铎说傅雷："认真、一丝不苟，严于律己，是傅雷治学的最大特色。任何工作，他不做则已，要做，便非把它做好不可。他常常以赞叹的口吻对我说，中国古老的东西，你不能碰，一碰就非付出你毕生的精力不可。"

关于书话，他说："我本人最喜欢读序与跋，尤其是名家的书话，它们给了我许许多多的从其他书中看不到的故事，获得专业书本上所缺少的知识。由于模仿（这是人类的本能之一），这些年来，我经常在报刊上写些书评、书话。"没想到在这里又看到一个书话爱好者在谈书话时，提到了"故事"二字。看来书话离不开"故事"，特别是那些"其他书中看不到的故事"。

成玉曰：吴德铎是一个超级书迷和书痴。他在《谈书三"一"》中说，只有无用的人，没有无用的书。"只有遇到中意的就买，不要怕老婆骂，也不管明天有没有钱开饭，中意的书属于你，才是最实惠。"所谓"一书（输）到底，决不回头"也。

诗云：文心从来似雕龙，古今故事天下同。博识多闻有妙趣，最是书话吐心胸。

三十五　天哭星双尾蝎解宝·吴小如

　　吴小如先生是著名学者，同时也是一位铁骨铮铮的书评家，有"学术警察"之称。在中国文学批评和文学理论中，书评向为学者的当行本色。然而奇怪的是，我们现在却很难看到像他这样的书评家。书评的式微，乃学术之悲哀。学术繁荣离不开书评，没有书评学术就不会进步，中外皆然也。曾几何时，吴小如先生从中文系被迫转到历史系，"黯然消魂者，唯别而已也"。

　　罗文华《吴小如先生二三事》说："吴小如先生一生刚直不阿，所交往者几乎是清一色的布衣。"此文又引作家肖复兴的话说"读吴小如先生的学生编写的《学者吴小如》一书，最过目不忘的是吴小如先生的冰雪精神，赤子之心。特别是提及少年对名家及他老师的评点，直言不讳，率真而激扬，真是令人格外感喟。因为面对今日文坛见多不怪的红包派发，商业操作的吹捧文章，这样的文字，几成绝响"。

吴小如对各种文化现象曾提出过尖锐的批评，他说："我们总是说尊重知识、尊重人才，可是社会上对于知识分子、对知识分子的学术成果，从上到下重视不够，而且，伪学术跟真学术分不清楚，越是伪学术越容易名利双收，越容易讨好读者。比如中央电视台的'百家讲坛'，不能说误人子弟，至少也在误导观众。我只看了老朋友周汝昌的讲座，别的都只是扫一眼。一些主讲人连基本常识都不过关，原文都讲错了，但是名气很大、又出书，销路还挺广。"吴小如又说："有人称我是'学术警察'，我对这些也不在乎。要我说，现在不是学术警察太多，而是太少。我就觉得，电视、电台、报纸都是反映文化的窗口，人家看你国家的文化好坏都看这些个窗口，结果这窗口漏洞百出，好些是乱七八糟。我看不过去就写文章，别人认为我是多管闲事。我二十几岁时写过大量书评，不是所有事情全锋芒毕露，我还有做人的原则，孔子说，己所不欲勿施于人，我还有一条，己之所欲，不强施于人。否则，必然很糟糕。"关于《红楼梦》，他说："有人讲《红楼梦》，还得到了周汝昌的好评，叮是他讲的东西，凡是研究《红楼梦》的没有同意的，他还续写了《红楼梦》，还卖得很热，要我说，这都是伪学术。"

成玉曰：记得很早就读过吴小如先生的书，例如那本《读书丛札》，以常见书为主，最易初学。后来又在《学林漫录》

上读他谈戏曲的文章，真是一种享受，于是买了《吴小如戏曲文录》。常见书对读书人来说，就像阳光、空气和水，须臾不可离也。可惜，我们太急功近利了。为什么同样是读书，有人能发前人所未发，原来他们的这些见解都是从常见之书中而来的，熟读深思，含英咀华。怪不得我们有这么多的学术垃圾，有那么多的连基本常识都搞不清楚的"学术大师"。

诗云：鸿儒谈笑皆白丁，铮铮铁骨写书评。文史兼通传国学，诗人去后倍伤情。

三十六　天巧星浪子燕青·来新夏

在当今文坛上，来新夏先生德高望重，硕果累累，桃李满天下。在历史学、方志学、文献学方面多有贡献。其纵横三学，通古今之变，究天人之际，著作等身。自"衰年变法"以来，又将自己一生的读书治学经验写成随笔，"庾信文章老更成"，令人景仰。

他在《衰年变法》一文中说："八十年代，我以花甲之年，进入第二个青春期……经过摸索探求，我找到了随笔这样一种表达方式，于是开始学写随笔。我要写自己走过的路，读过的书——我读的书不仅是用文字写的书，还读大千世界芸芸众生的无字书；我走的路不仅指地理概念的路，也包含拖着沉重脚步跌跌撞撞走过的人生道路。"怪不得徐雁先生说"邃谷读书学不厌,枫林唱晚且填词"。这真是一个很美很动人的境界。来新夏先生晚年的读书随笔,旁征博引,出经入史,被很多读书人叹为一绝,人见人爱也。

就书话说,自台北学生书局二〇〇〇年十月出版《来新夏书话》后,三晋出版社二〇〇九年又出版了《书前书后——来新夏书话续编》。据说"书前书后"与锺叔河的"书前书后"同名后,还引发了一段趣话,同名之书多矣。来新夏在徐明祥《潜庐藏书纪事》的序文中说:"如果凡是与书有关联,无论是述说书的本身,还是由书引发出去的论辩诠释,都可以属于'书话'的话,那么《潜庐藏书纪事》无疑是'书话'的一种。作者套用叶昌炽《藏书纪事诗》而出之以散文,实为表明这本书不仅是谈书与人,而是还包容了藏书、读书、写书三项活动,这样联成一起,更丰富了书话的内涵。"

成玉曰:虽然来新夏书话多为藏书与读书、序跋与书评所组成,但在今天,我们似乎还不能说这不是书话。他在《潜庐藏书纪事》序中所阐述的书话的基本概念,一语中的,乃一家之言。从书话发展变化来看,真的是"丰富了书话的内涵"。老辈学人,对书话情有所钟,令人感念,不可多得也。

诗云:衰年变法写书话,枫林唱晚又一家。书前书后说书事,有生之年笔不挂。

下编

三十七　地魁星神机军师朱武·姜德明

在当代书话写作中，如果以唐弢书话为正宗，姜德明先生乃继承唐弢遗风而又发扬光大者之一。其藏现代新文学书刊之多、之精，写作量之大，首屈一指。列为地魁星神机军师，当之无愧也。

当代书话在阿英、曹聚仁、周作人、唐弢等人的创作和影响下，始见规模。特别是唐弢书话那"四个一点"影响最大。然而，由于历史等原因，现代书话的概念和定义至今还较为含混，或者说由于对前辈大师的承继有别，各自的风格似乎又在瓦解整体书话概念，于是歧义纷披，误读遍地。姜德明先生说："到目前为止，人们对书话的理解仍各有不同，在理论和实践上，既无统一的定义，写法上各行其是。书话的形式也许还要经过一段较长的时间的发展和探索，才能更臻完美，认识统一。"（见《〈现代书话丛书·总序〉》）他所说的到现在为止，又过去了二十年，现在依然是"把凡是关于读书的散文、随笔，包括书的序跋，甚至较短的书评，一律目为书话"。

在长期的书话写作中，姜德明在继承唐弢的基础上又开拓了新的领域，总结了一些新的经验。他说："书话源于古代的藏书题跋和读书记，并由此生发，衍变而成。书话不宜长篇大论，宜以短札、小品出之。书话以谈版本知识为主，可作必要的考证和校勘。亦可涉及书内外的掌故，或抒发作者一时的感情。书话不是书评，即不是对一本书作理论性的全面介绍、分析和批评。书话不能代替书评。我常说，书话只要能够引领读者爱慕知识，并唤起他们爱书、访书、藏书的兴趣就好，不必过苛地要求它承担更多的繁重任务。"（同上）

然而遗憾的是，他的这些思考并没有引起很多人的重视，至今的书话写作仍然各行其是。个中原因，因本文体例所限，只能在"点将录"中一一揭出。总的说来，是既有时代的原因，也有因个人风格的原因，甚至还有因某些人的误读而产生的一些影响，等等。谢其章说："我经常问姜先生这书或那书您怎么不写啊，姜先生总是说'没啥可写的'。我理解这句话的意思就是'不是每本书都是值得写成书话'。"（见《姜德明的书话与"书外杂写"》，刊《点滴》二〇一三年第一期）谢其章的话没有说错，书话就是讲书与人的故事。没有"故事"的书话，姜德明先生当然不会写。这种严谨和执着的态度，令人深思。

成玉曰：十年前承周翼南先生厚爱，求得姜德明先生签名本一册，甚有荣焉。拙著《书话史随札》出版后，承先生褒奖，称为"一本没有前例的书"，且感且愧也。今撰"书话点将录"，以文体为先，列先生为当代书话第一人，乃个人愚见。我曾三评其书表之报刊，略表向往之意，惜其未谋一面也。当今读书界有一现象颇值玩味，写书话者不知书话的文化底蕴；说书话者又多不关心和研究当今书话的发展和变化。姜德明先生难能可贵地继承唐弢书话一脉，而后来者又在误读中别有意会。或许就像姜先生说的，还要经过一段较长时间的发展和探索才能臻于完美，也未可知。

诗云：面壁藏书堆满山，趣写文章不畏难。篇篇书话有故事，唐氏风格承相传。

三十八　地煞星镇三山黄信·锺叔河

"书话"二字，自唐弢《书话》《晦庵书话》以来，渐为人知。但真正使书话风行天下的，首推锺叔河先生。一九八六年四月，由锺叔河编辑、岳麓书社的《知堂书话》在风雨中出版，一时传为美谈。读书人爱书人手此一册，欢喜无量。开此"书话"之风，后来者多矣。如"现代书话丛书""今人书话丛书""近人书话丛书"等，以及个人文集以书话命名，不计其数。

黄裳先生说："叔河先生数十年来一直从事编辑工作，从他经手编定的书和写下的序跋中，很可以看出一种特色。这里面有反映近代中国人西方观的'走向世界丛书'，有重印久已绝版的文史丛著的'凤凰丛书'，而数量最大、用力最多的则是重刊周作人的遗著，除了散文集的单行本外，还辑有《知堂书话》等六七种。周作人研究今天已经颇为热闹了，遗作选本的刊行也有许多种，好像一切正常不成问题，但在五六年前却不是这样，在这里可以看出编者胆识。努力提供旧篇遗文，供读者阅读，也使研究者有所凭藉，正是功德无量的事。"（见锺叔河《书前书后·序》）

关于书话，历来众说纷纭，似无定论。有重版本的，有重史料的，有重掌故（故事）的，等等。锺叔河说："我想看到的，只是那些平平实实的文章，它们像朋友闲谈一样向我介绍：这是一本什么样的书，书中叙述了哪些我们想要知道的或者感到兴趣的事物，传达了哪些对人生和社会、对历史和文化的见解。这样的文章，无论是客观地谈书，或是带点主观色彩谈自己读书的体会，只要独具手眼，不人云亦云，都一样的为我所爱读。如果文章的内涵和笔墨，还足以表现出本文和原作者的学养和性情，那就更佳妙了。"（见《知堂书话·序》）同时，他还认为周作人书话实在是达到了上乘的标准。就书话来说，周作人书话是否达到这样的标准，各有所见，孙犁就很不喜欢他的书话。但在普通读书人眼里，倒是那些平平实实不卖弄史料，不炫耀版本，像朋友谈心那样讲故事的书话，最是称道。也就是锺叔河说的，足以表现出本文和原作者的学养和性情。

成玉曰：人称锺叔河书话有知堂遗风并得其精髓，有"神似"一说。我读其书，称为书话大家，亦名副其实耳。别有趣味的是，其四版（岳麓版、海南版、台湾版、人大版）《知堂书话》，对书话文字的取舍，颇有故事。据赵普光博士考证，四个版本的最大变化表现在对"序跋"上，由分而合，又由合而分，折射出锺叔河对书话的认识。（见《〈知堂书话〉四种版本的变化》，《文笔》二〇一一年夏之卷）我曾在《书话的尺度》一文中认为最好不要再出现把《知堂序跋》收入《知堂书话》这样的事。书话就是书话，序跋就是序跋。更令人吃惊的是，他在几版书话的序中竟只字不提唐弢的"四个一点"，或许是另有特点，但平淡与闲适或者苦涩，并不是书话与其他文体的根本区别。书话不好写，更不易说也。

诗云：曾经沧桑胸有胆，知堂书话天下传。闲坐念楼看风雨，任他江山多变幻。

三十九　地勇星病尉迟孙立·陈子善

　　书话的写作和发展以及变化，说起来头头是道。与唐弢、周作人鼎足而立的，是阿英的"史料派"，其书话的写作以史料见长，但决不是"捡漏"。这一派人物由阿英而下，在今天书话的写作中，大约首推陈子善了。我们今天能读到现代新文学作家的很多著作和佚文，陈子善功不可没。例如鲁迅、周作人、郁达夫、张爱玲等。在某种意义上，他收集整理和编辑出版的书，比他写作书话更有意义，也未可知。

　　柯灵先生说："现代文学研究的方法之一，是探幽发微，钩沉辑佚，力求史实的补缺还原。知人论世衡人是否确当，是第二步的事。这是一种艰苦的工作，需要耐性细心，水磨工夫。也是一种科学的工作，需要爬梳钻勘，刮垢磨光。同时还是一种饶有兴味的工作,有些深埋地下的材料释放出土,就很足以醒酒破闷。"(见陈子善《文人事·序》)但如何将此化为书话,光有材料和工夫还不够,书话又是一种"学问"。怪不得董桥说:"我不大相信文学可以铸入不变的模型中去加以研究。文学既属于'人'的系统,也离不开'事'的系统,更没有理由排斥'学'的系统。陈子善先生一定也体会到研究文学的这个关健之处。"所谓"人统、事统和学统",是国学大师钱穆先生说的。"人统以人为中心,学者所以学做人也。一切学问的要旨是学习做人,做一个有思想有价值的人。系统是以事业为学问,事统的中心是学以致用。学统是学问本身的系统,为了学问做好学问。"董桥说,这是中国传统学问的全盘脉络,有其现实的深刻意义。看来董桥还真有一点学问,只是被我们看到的风花雪月遮蔽了。

陈子善是个书迷或者说是书痴,一有机会就天南地北到处访书。《在"神州"觅旧书》中说:"'神州'以供应文史哲旧书为主,古今古外,品种十分丰富。看着不同历史时期、不同文化背景、不同政治倾向和不同艺术成就的作家作品混排在一起,我常常有时光倒流的奇异感觉。"让"时光倒流"是每个书迷们的心态,无他,好买书也。不仅如此,他更是一个痴迷的"毛边党"。他说:"真正的爱书人,真正对二十世纪中国文学入迷的人,恐怕都会对毛边本有一种特殊的感情。这倒不是'物以稀为贵',重要的是毛边本有一种不可抗拒的参差美、朴拙美,更重要的是,在上世纪二三十年代,毛边本的兴衰正与新文学的进程息息相关,同呼吸共命运,见证了新文学的曲折坎坷，许多新文学名著最初不正是以毛边本的形式问世的吗？"

成玉曰：我受惠于陈子善先生亦多矣。回想这些年的买书藏书，特别是那薄薄的一本《台静农散文选》（陈子善编、人民日报出版社，一九九〇年九月第一版）爱不释手。经他编辑出版的书，那真是爱书人的宝物。虽然他没有一部文学理论的专著，虽然他对张爱玲爱得入痴入迷，但每读其书，不能不令人肃然起敬也。

诗云：断桥路上寻书忙，探幽发微不夜窗。痴迷爱玲毛边本，推陈出新还真相。

四十　地杰星丑郡马宣赞·王稼句

在今天的读书界（圈），苏州王稼句这几个字，最引人入胜，最令人神往。在苏州风物和吴门旧书的写作中，得知堂之神韵，著作等身。从《枕书集》《补读集》到《看书琐记》《听橹小集》等，其书生气、才子气、名士气，跃然纸上，乃书话大家也。

胡文辉说："他的好处，不仅在文字，更在学问。论读书之多、积累之厚，他可以跻身学者之列，而无愧也。只不过他作文之道术气韵，不愿意写成高头讲章而已。像《听橹小集》里的《书船》（可以说是旧时江南的流动书店）、《柳如是小影》《红豆庄的前世今生》（那是钱谦益、柳如是住过的豪宅）几篇，汇辑史料相当丰富，实际上都是足以写成考证论文的。"

（见《书边恩仇录·书话家的气象》）王稼句从学问入手，但又不是为了做学问（高头讲章），而是化学问于文章之中，这是他人最不可及之处。胡文辉说他在气象上，实更近于周作人，乃见道之言也。

王稼句早期的《枕书集》，篇篇都是书话。博览群书，多以现代新文学为主。也不知什么原因，或者说由"新"而"旧"，他钻进了故纸堆中去了。一方面整理古籍，一方面著述新文，在旧文献中摸爬滚打，硕果累累，而这些成果又多以文章的结集问世。他说："由于过去的学科建设大都草草而成，南郭先生不知多少，故大可不必迷信所谓专家和权威，既不盲从，也就不受束缚，大胆设想，小心求证，以形成自己的观点和想法，这对重构学术史有很大意义。"（见《书生风味·苏州美术文化论集·序》）原来他并不满足现在学术史上的某些写法，而是独辟蹊径，在"重构"中展示学术史的意义。

王稼句是著名的藏书家，其书房筑在苏州城南的运河边上，日日听橹，日日读书。他说："橹声是听不到了，便当我在阳台上望见那潺湲流水，往往会想起橹声欸乃的境界，这声音虽然已是依稀遥远了，但仍是那样熟悉，那样亲切。"（见《听橹小集·题记》）读王稼句的书，我发现了一个有趣味的现象，他的序跋总是自己写，而且一序再序，一跋又跋，颇有知堂遗风。

成玉曰：我读稼句先生的书，想起来也有二十多年了，都说他人好字好文章好。由于我自己的原因，一直闻声不见面。去年某日得稼句寄赠《书生风味》签名本，才睹其字的风采。

此前我在文章中多次写到他,就他的学识和才气,我以为他应写几部学术理论著作,没想到他一直都在整理和解读苏州文献。今读其书,如上所述,真乃别有抱负,至少他那些精采的文章我们的某些专家和权威写不出来。原来我错怪他了。书话是一种有学问的文字,但并不一定非要做学问。知堂如此,稼句亦然也。

诗云:书生风味别有情,东南西北说古今。当年补读学知堂,赢得苏州才子名。

四十一　地雄星井木犴郝思文·陈平原

陈平原独上高楼,在"述学"中最有"学者的人间情怀"。其书话写作,承知堂一脉寓"学问"于"境界"之中,有"文"有"体",最见读书人本色。他把书话从学院中释放出来,从书斋走向民间,书里书外,情趣盎然。东写西读,书生意气。书前书后,漫卷诗书。一部《陈平原书话》,乃学者书话之风范也。

他在《杂谈书话》中说:"之所以称为'书话',而不是'书评'或'书论',除取其包含散文因素外,更取其写作时的潇洒闲适心境。如老友神聊,夫妇闲话,尽可无拘无束,无始无终。不是'形散神不散'之类的'作闲散状',而是真正海阔天空,得意忘形,只求有情有趣,不问'中心思想段落大意'。"他对周作人书话最是神往。说:"周作人的书话不只见解独到,而且文章很有韵味,表面平实无华,却很耐读。后来主张把书话当散文写的诸家,其文字往往朝清丽的或者俏皮方向发展。这固然也是一格,但我总觉得还是周作人苦茶般的书话耐人寻味。"他这句话点中了当前书话写作的要害。一是"清丽",二是"俏皮"。清丽者而无味,俏皮者无苦涩也。前者一览无余,后者多是撒娇。所谓从书斋走向民间,他说几乎每个书痴都天生具备写作题跋或书话的才情。"善于腾挪趋避的书话家,其学养与知识,往往得到'超水平'的发挥。更何况,还可以从'书里'谈到'书外',引入大千世界,纷纭人生。"

其中一卷卷《江南访书记》《京华买书记》以及《逛旧书摊》,最有书话的情趣。篇篇有我,篇篇有故事,篇篇有文采,篇篇都迷人也。他说:"黄裳的文章多可读,此次买下的《银鱼集》和《珠还记幸》以前都曾借来读过。黄裳的书话小品,兴味颇浓,不见得深,但有情趣。"又说:"在书话中掺入散文笔法或干脆把书话当散文写,并非郑振铎的独创,现代书话家多有这种倾向,即使像谢国桢这样治学严谨的历史学家,也不例外。"这些话都是他二十世纪八十年代逛书摊时随手写下的,片言只语,在不经意中流露真情。今天读来,仍觉有趣,只可惜后来转行不干了。多了一个学问家,少了一个书话家也。

成玉曰:林语堂当年办《论语》等,最重"述学小品",承公安"性灵"一派,作手如云。其个人笔调,谈书论文,最是亲切有味。虽然"述学"不是书话,但书话必须"述学"。

新时期以来,一度中断的"述学"传统又重现江湖。陈平原从书话入手,众里寻他千百度,在灯火阑珊处,以学者的人间情怀,光大了这个传统。书话乎?"述学"乎?我只有感慨,而无原则也。

诗云: 独上高楼望天涯,人间情怀说书话。最是述学见真情,现在彼此分了家。

四十二　地威星百胜将韩滔·龚明德

在今日读书界，龚明德先生向以刚正不阿闻名于世。其秉笔直书，敢怒敢言，敢挑战权威，名震中外。集书爱家、学者和作家于一身，著有《新文学散札》《昨日书香》等，经其手所编辑的《〈围城〉汇校本》轰动学界，舆论哗然。在藏书界与北京姜德明齐名，有"南龚北姜"之美誉。

龚明德《〈围城〉汇校本》，赞美者有之，反对者也有之，最终以因版权而吃官司。流沙河说："像这样谨悫廉洁的书呆，遭此不明不白的屈辱，实在令人灰心丧气。幸好这个书呆还有三分唐·吉诃德精神，白眼也好，青睐也好，一概不管，依旧闭门蠹鱼不已，考证不已，以一种非功利主义的激情投入著述，完成了这本考证性质的《新文学散札》。"（见《新文学散札·序》）考证学是清代乾嘉学派最有贡献的一种治学方法，也是一种科学方法。胡适说，大胆假设，小心求证。龚明德说："中国现代新文学仅仅三十年历史，却有那么多人为的混乱急需去细心梳理，而被国家养起来的专门人员大多忙于高深学问，不屑于这些琐碎的学科基础的工程。"真所谓"书生识小，出言不逊"。

龚明德爱书如命，他的朋友毛翰说："他一介书生，既不屑于生财之道，每月微薄的薪水又大多用于买书——旧书店旧书摊上每次见到用得着的旧书刊总是不惜工本志在必得。为学术研究，他不吝于掏一千多块钱去复制连载于三十年代末四十年代初《新民报》上的张恨水的长篇小说《八十一梦》，为核川版再版本《辛弃疾全集》的几百处讹误，他丝毫不迟疑地花两三千块钱买一大套线装书《百家词》以及各种版本的辛氏集子。"所以他在这篇文章中多次呼吁："中国，你要善待这个人。"

成玉曰：十年前当我遭遇困境心灰意懒之时，他从周翼南先生那里得知这一消息后，给我一封长信。他说读书人要自立、要挺住。他还谈了他当时的境遇，并鼓励我要多读多写。我给他寄《书话史随札》，他回送了一大堆书。往事如昨，感念不已也。我今天在这里写"点将录"，仍无法表达我对他的景仰之情。考证乃书话一途，但考证本身不是书话。如何将考证的成果贯穿融会在书话之中，乃是我们今天不能回避的问题。我相信龚明德先生的著作在大浪淘沙中一定会经得起历史的考验。

诗云：旧书摊上闻书香，六场绝缘不寻常。敢向春风借一枝，寄与明德读书堂。

四十三　地英星天目将彭玘·徐雁

从当年到处投稿的青年学子,一路走来,到今天名满天下,徐雁先生不寻常也。主持中国阅读学研究会多年,硕果累累,有目共睹。其众多弟子遍及大江南北,在奔走呼号中倡导"书香社会",最是功不可没。他自己也是躬行实践,在"读万卷书,行万里路"中著述颇丰。一不小心成了当今读书界的领军人物,乃读书人之福也。

新时期以来,徐雁可以说是书话写作和研究的先行者之一。其论文《书话源流与文体风范》,至今还是书话研究的力作。从《秋禾书话》到《秋禾话书》,见证了他在写作和研究中的心路历程。《秋禾书话》是他第一部书话集,但与其说是书话,还不如说是书评和读书随笔。这一路写下来,在《雁斋书灯录》的"序引"中，他似乎认识到了这一点。他说他关于"书话"的认识有了些改变："改变的原因，首先是因为年来'书话'这一文体，有无限扩大化的倾向。许多'类书话'的文艺短论，大有把正宗的书话淹没之势，令人对'书话'这一清雅宜人的文体，油然生出忧虑之心。"他说从本集开始，尝试着把东坡式"书后"与晦庵式"书话"这两种古今文字，作一文体上的自觉分疏。其实，也就是把读书随笔式的文章和书话区别开来。

在他后来出版的集子中，有一本叫《秋禾话书》。从"书话"到"话书"，至少在文体上，"话书"集书评和读书随笔为一体，于是有人就认为这是新书话和大书话。其实书话不分新旧，更无论大小。在某种意义上，真正的书话是越旧越有味，越小越有趣。大而无当，新而无趣者多矣。倡此言者，似乎不知书话为何物。徐雁的书话由《晦庵书话》入手，其文字虽有特色，但少"苦趣"，其书话多以新书见长，这样的书话很容易滑入"清丽"一派，也就是大书话和新书话。当然，自成一体，影响甚大，或许正是书话发展和变化之一途，也未可知。

成玉曰：记得徐雁先生寄赠给我的《到书海看潮》上题："书话乃读书种子也，贵在艺文情趣。"十年来每读其文，首先想到的是"读书种子"这几个字。这些年来，他"南征北战"，不辞辛苦，倡导书香，建立一个"阅读型社会"，就是为了培养读书种子。虽然任重道远，但风雨不改也。

诗云：秋禾文章不染尘，雁斋常明读书灯。行路万里唱阅读，处处江山处处声。

四十四　地奇星圣水将单廷珪·止庵

　　止庵先生在今日读书界声名显赫，高标独举，迥异时流。其读书之勤、用功之深，少有人匹敌，连黄裳先生都说他"给人留下深刻的印象"。特别是那套《周作人自编文集》的出版，沾溉学林，功莫大焉。其《周作人传》，又别具只眼，自成一格。在整理研究周作人上，与长沙锺叔河齐名，有"南锺北止"一说。

　　关于书话，止庵很有独到之见。他在《知堂与"书话"》中说："……书话有广义狭义之分，狭义即唐弢那类写法，凡广义则凡与书有关之作皆可称为'书话'。周氏自谓'我所说的常常是关于一种书的'。（《夜读抄·后记》）如此，冠以这一名目亦无不可。"又说："以前引唐氏对照周文，往往限于'事实'与'观点',惟不止'一点'耳;所作别有文采,虽然正与'抒情的气息'相反。至于'掌故',或为书话最重要因素,在周文中分量并不算大。此即'看书偶记'与狭义的'书话'区别所在。"这话大抵不错,亦点睛之笔。另,周作人《苦茶随笔·小引》说:"在这些小文章里所说的大抵是关于书或人,向来读了很受影响或是觉得喜欢的,并不是什么新著的评论介绍,实在乃是一种回忆罢了。"这里"书或人"的"回忆"最为紧要,也是周作人书话的精髓。学周者,不能不知也。

胡文辉说:"止庵以研究玩味周作人闻名,不过在我看,王稼句看古书杂书多,在气象上,实更近于周作人,盖周之为周,关键之一就在多读古书杂书,而止庵在字句上刻意学周,但旧书读得少,周作人读得再多,终非周作人也。"(见《书边恩仇录·书话家的气象》)这话说得颇有意思。然知其一,而不知其二也。"刻意学周",固然乃止庵之病,"旧书读得少",亦非其主要原因。盖周之为周,用废名先生的话来说,乃有一种宽容之心,此常人所不及也。

成玉曰:止庵写《周作人传》,用力甚勤,可感可佩。其文颇有知堂之风。然质胜文,趣不足,气象不逮。曾与他有过一信之缘,后因鄙人固持己见,各自东西,惜哉!有人说我们是在卖知堂(书),不是卖止庵(书),乃过矣。知堂可卖,止庵亦可卖也。

诗云:庵名曰止学知堂,笔锋机智著文章。别具慧眼勤读书,自成一格众人赏。

四十五　地猛星神火将魏定国·黄俊东

一九六二年唐弢书话集《书话》出版，恰逢多事之秋，流之不广。姜德明回忆说，那时唐氏书话被列入工作错误的专题材料，名之曰为三十年代的反革命文艺黑线摇旗呐喊。他说："书话的兴衰，莫不与时代的政治起伏有关，这时候我才想起唐弢先生的顾虑并不是多余的。"（见"现代书话丛书·序"）然而在此时，香港的书话家黄俊东却在香港报刊发表了大量的书话，第一部书话集《书话集》一九七三年正式出版。陈子善说，此书直追大名鼎鼎的《晦庵书话》，可遇而不可求也。

黄俊东在香港是一个有名的书痴书迷。董桥说："十几年前的一个晚上，我在报馆门口看到他一手撑雨伞一手提了一包书，忽忽冒着风雨过马路搭公共汽车，心中一阵苍凉，久久百感交集。满头的黑发默默熬到满头斑白，昏暗的排字房变成死白的植字房，蓦然回首，文人书生的文化事业忽然转为不太识字的文化企业，东叔干干净净地退休了。"痴则呆，呆则迂，迂则不俗也。读董桥此文，不能不令人"百感交集"。怪不得董桥说，黄俊东四十几年风雨不改，是香港读书界著名的"书店巡阅使"。

黄俊东自述说："不知道什么时候开始，我就喜欢借书、买书和藏书，算起来也有二十多年了吧。……范围颇为博杂：文学、历史、哲学、艺术、传记、随笔、生物、掌故等各方面，多少都有一点点，不过最多的还是文学方面，尤其是新文学的书。"（见《克亮书话·我之于书》）他说"我患了买书病"。关于书话，他说："书话不同于书评，书评是书评家的责任，书评家知识丰富，态度严谨而客观，为读者分析内容和性质，具有引导和启发的作用……但书话只是一个爱书人的立场，说些与书相关的闲话，有时不免也有三言两语的批评，但读者不必视为严肃性的批评。书话所谈及的无非是书的知识、消息和作者的点滴资料……并不在为读者选择书籍。"（见《猎书小记》，转引自《中国读书大辞典》）

成玉曰：久闻黄俊东先生大名，但一直不得其书。今读《克亮书话》，略见一斑。虽然相见恨晚，只是一个选本，似乎觉得有一些精彩的文字没有收进来，难窥全貌，亦足矣。

诗云：隔山买牛正当时，书店巡阅又一痴。曾经书海说书话，最是书病不可治。

四十六　地文星圣手书生萧让·吴泰昌

吴泰昌的《艺文轶话》，如果按书话的要求，似乎以"掌故"取胜。虽不以书话名，但内容和风格与《晦庵书话》相近。他长期从事编辑工作，与很多著名作家和学者都有长期的往来，保持着深厚的友谊。他说我爱上这类散文，受到阿英先生的很大影响。本书获一九八九年全国优秀散文（集）奖，实至名归也。

他对书话这个文体，很有自己的看法。他说："常听一些'书迷'说，一本好书的出版往往有一连串有趣的故事，读者不满足读懂书的本身，还希望了解这本书的有关一切。比如作者的欢乐与苦恼，编者的精心与独创，收藏家的苦心与珍爱……我想，有了书评，又冒出书话一类的小品，且相行不悖，各有所长，大概就是这个道理。书话往往以随便聊天的笔调取胜一，但决不是'闲话'。"（见《漫话〈抗战八年木刻选集〉》）讲"故事"而"不满足读懂书本身"，这就是书话最基本的底线。书评书话，各有所长，说得好。

吴泰昌在《孙犁书话》的选编后记中说："'书话'是信手写来的文字，其内容风格也是多样的，内容各有侧重，或记觅书之甘苦；或重版本之绍介，其中又分善本书，西洋书，现代书；联系社会写书的命运……有的朴实拘谨，节制而谈；有的娓娓动听，恣意汪洋。"他说孙犁的这本书话是一位诚实的有独到见解的作家读书的实感。"《晦庵书话》被认为是研究中国现代文学的一部有益之作，《书林秋草》无疑将会看成是一部研究中国当代文学的有益之作。"一九八〇年孙犁在他这本书的序中说："泰昌同志的文章，短小精悍，文字流畅，考订详明，耐人寻味。读者用很少的时间，能得到很大的收益。写文章，不尚高远，选择一些小题目，这种办法很可取。"书话宜小不宜大，宜短不宜长，正是这本书的鲜明特色。

成玉曰：吴泰昌书话从阿英入手，重史料掌故，但在写法上承继《晦庵书话》的笔法，有史料，有掌故（故事），有趣味，高手也。

诗云：书评书话要分明，史料掌故最动听。闲闲写来多趣味，篇篇都得书迷心。

四十七　地正星铁面孔目裴宣·杜渐

一九八〇年香港的杜渐首开"西窗",在生活·读书·新知三联书店出版第一部书话集《书海夜航》,这是他在一九七四年至一九七八年间写作的以介绍外国作家和作品的书话随笔。一九九二年他又在香港三联书店出版了《书痴书话》。古今中外,信手拈来,绝妙好词也。

杜渐说:"我喜欢书,也喜欢读书,简直是嗜书若狂。……业余唯一嗜好,就是逛书店,口袋里一有点儿闲钱,就花在买书上面。每天晚上,坐在向海的书桌旁,翻阅喜爱的书籍,怡然自得,以为是一种最高的享受,往往看到深夜两三点,也不觉疲倦。每逢买到一本向往已久的书,会乐得一夜手舞足蹈,例如买到了限定本的理察·褒敦翻译的《一千零一夜》十六卷全译本，乐得一夜睡不着觉。"（见《书海夜航·后记》）据说这本《一千零一夜》是叶灵凤的"镇斋之宝"。叶氏病逝后，由其家人出售，杜渐花了一千六百元买下。书之聚散流传，往往助成一段文坛佳话，也是书话的当行本色。董桥说读这些书痴书迷的故事，真是让人感动得不得了。

黄继持在《书痴之"小花"》的代序中说："一般书痴不难得。难得者，既痴于书中，复痴于书外。若只痴于书中，虽然有自我陶醉之乐，却蒙死在句下之险。所谓书之外，不是与书无关，而是书所指向的世界，书所揭示的人生，书所培育的性情，书所激励的气志；非徒文字国度之自我封闭，非徒文字光景之玩弄耽溺。"这真是一朵"文林奇花"。因此，他的这种书话常常会"出格"。所谓出格，大约指的是当前一些"敏感"话题。书里书外，借题发挥。是书话又不是书话，痴者话书也。他说："这些文字，既非书评书介，就算是书话吧，也不合唐弢、黄俊东二兄之规格，实在是我读书时兴之所至写的随笔，幸好随笔的定义本自含糊，想来可以'蒙混过关'吧？"

成玉曰：从《书海夜航》到《书痴书话》，杜渐先生由"书里"而"书外"，由"西"而"中"，在"出格"的书话中，以嗜书若狂的人间情怀，展示了一个真正的读书人的精神境界。书话不是无情物，化作春泥更护花也。

诗云：书海夜航方向指，书痴话书正当时。管它出格不出格，都为人间绝妙诗。

四十八　地阔星摩云金翅欧鹏·林真

香港有个自学成才的奇人叫林真，一九八八年在陈子善的推荐下，中国友谊出版公司出版了《林真说书》。书的副标题是《文学随笔集》。这本书的价值尚且不谈，更为重要的是，唐弢先生专门为此书写了一篇序。这是继一九六二年《书话·序》和一九七九年写《晦庵书话·序》后的第三篇关于书话的序文，一篇比一篇精彩全面，耐人寻味也。

唐弢首先给我们讲了一个很动人的故事："一九八〇年《晦庵书话》出版，师陀兄从上海来信，说有个香港朋友要这本书，曾在广州坐'的士'，跑遍所有书店，还是买不到，写信向他求援。不久，何为兄又从福州来信，也说是一个香港朋友要这本书，当地没有，谆谆叮咛，请他在内地帮忙想个办法。这两件事几乎在同一个时期发生。对我的一本书竟然怀着这样浓厚的兴趣，锐意搜求，志在必得，听了的确使我感动。这个朋友不是别人，就是本书的作者林真先生。"唐弢说他的这本书里文字比我严肃，有深度，不是信手写来的东西。已经成了具有艺术分析力的正规书评了，写得很生动，很活泼。

关于此书，师陀在序中说："以言其博大，他谈从古代到现代的中国诗，谈中国的现代散文，谈《周易》，谈《聊斋》，谈史料，谈读书，谈作文，谈剧本，谈翻译；他谈印度的泰戈尔，美国的马克·吐温、欧·亨利，日本的武侠小说、新感觉派，俄国的契诃夫，欧洲的民间传说……以言其精深，他原原本本，说日本新感觉派的兴起和消亡，说明《聊斋》与民俗的关系……"

唐弢在谈了《林真说书》的特点后说："我这样说，并不准备向书话吹去紧箍咒：这样是书话，那样不是书话。我还不至于僭妄到这地步。而书话的形式也确是多种多样的。怎么写都可以。但我反对有些人把书话仅仅看作资料的记录，在更大的程度上，我以为它是散文，从中包括一些史实，一些掌故，一些观点，一些抒情的气息，给人以心地舒适的艺术的享受。"他这样重申"反对有些人把书话仅仅看作资料的记录"，意味深长。

成玉曰：读《林真说书》，就像师陀先生说的，它的文采精华是作者慧眼独具，在广征博引中，明其时代，结合自己的感受爱好，如对读者围炉谈天，海阔天空，娓娓道来。不可多得之佳作也。

诗云：海外奇人有奇志，晦庵书话是吾师。周易聊斋漫笔写，姑妄言之姑听之。

四十九　地阔星火眼狻猊邓飞·董桥

自柳苏在《读书》发表那一篇《你一定要读董桥》后，董桥的书一直红红火火，二十年经久不衰。特别是近几年的牛津版、海豚版精印精装的书，读书人如获至宝。董桥为什么这样红？原来他两脚踏中西文化，一心评宇宙文章，在风声雨声读书声，家事国事天下事中，有一种"乡愁的理念"，有一番故国情怀，有一枝生花妙笔，在圈圈点点中尽显英雄本色。

董桥买书、读书、藏书、写书话、谈书的故事，最是亲切有味。他说英国有一位穷藏书家，每买一本书，总是先照定价付钱给书商，再请书商帮忙，在那本书的扉页上写个很便宜的假价钱，最好不超过三英镑六便士，这种安排妥当得很。他过世后，太太靠卖那些藏书过日子，发现所得甚丰，不禁伤心起来，怪自己过去整天埋怨丈夫浪费金钱。董桥说："这段故事格外伤感，那位藏书家活得太痛苦了，也活得太有味道了。"这种"藏书家的心事"，我们这些爱书的人，也许还不太陌生。这种"乐在其中"的刻骨铭心，多少也是会有一点的吧。

董桥在《另外一种心情》中说："唐弢有一个集子叫《燕雏集》，是一九六二年作家出版社出的。这本书内容不说，光是那篇《序言》，就写得很好，细细读起来，有一种悲凉的感觉。他写得很谦虚，口口声声当然要表明自己在这个伟大的社会里，'理论水平不高知识十分浅薄，正像乳燕一样，还处在嗷嗷待哺的阶段'云云，但是'也总希望真的能够长成羽毛，甚至拍翅膀'。他最后一句话说得很得体：'古人皓首穷经，对于那些目的不是为了考状元的人，我自惟还能了解他们的心情。'""目的不是为了考状元"，这句话可圈可点。真的，江山可爱，多几个爱书的人，目的不是为了考状元的人，一定更有意思。

关于书话，董桥说："书话跟书跋一样难写，写版本、校勘固然枯燥，总要加点买书经过，书林掌故，读书所感才耐读。"这真是他的经验之谈，也是他写书话的秘密。董桥的文章，写得最好的，也许还是他那些"谈书"的文字。"耐读"是他的魅力，"难写"更见作者的功夫。

成玉曰：我读董桥亦久矣。从《这一代的事》《董桥文录》到《一纸平安》《语文小品录》（十本）等，他的"文字是肉做的"。我曾三评其书，四论其文，今日又因书话而"点将"，乃不得已也。四书五经,断桥不断,英伦风雨,故国怀抱,他在给后花园点灯。有学问而不做学问,讲故事而不讲学术。妙哉,董桥也!

诗云:风声雨声读董桥,故国情怀比天高。满目河山客梦远,桃花扇底看六朝。

五十　地强星锦毛虎燕顺·胡从经

　　如果不是姜德明主编的"现代书话丛书",我们大概还不知道胡从经的书话竟如此迷人。其书话"既有学术性的论辩,又有絮语式的抒情"。而书斋"柘园"所藏现代新文学书籍版本,人称与姜德明齐名,有"北姜南胡"之美誉。

　　关于这本书,胡从经说:"面对二十余年来所写逾百万字书话,选编起来颇为踌躇。因为我是一个地道的'杂家',这当然是为我的职业决定的,曾笑谓绝无仅有的'两岸三地'编辑(除曾在上海、香港任编辑,还担任过两年台湾商务印书馆的特约编审),编辑需要广博的知识,因而为学颇为庞杂……正因为兴趣广泛,目标散乱,读书亦多读古今不经之典,九流三教之籍，所写书话也就五花八门，七彩杂呈。"他写书话以阿英、唐弢为圭臬，其文多次得他们审阅并指点迷津。他说《晦庵书话》是我学写书话的范本。此书分八辑：一、大涛微沤；二、香海文漪；三、译林折枝；四、刊丛撷华；五、学苑识小；六、稗海衔微；七、童心掇拾；八、书鱼絮语。每辑前有"小引"一篇。

《书鱼絮语·小引》说："韩愈诗云：'岂殊蠹书虫，生死文字间。'虽系诗人不无牢骚的自况，但也道出读书人在卷轶书牍中讨生活的实情。不佞非敢比肩大家，唯一生也与书结下了不解之缘，读书、教书、藏书、编书、写书，一个'书'字道尽了我人生旅途的跋涉、苦辛与追求，终其一生，未必有什么其他东西会引起我如此浓郁的兴趣。辑中篇什，请视作一个书痴的呓语罢。"作者因书结缘，收藏了很多著名作家和学者的签名本。例如把作者的旧版本请原书作者签名，如茅盾、巴金、丰子恺、沙汀、唐弢、于伶、曹靖华等，"书趣无穷"也。

唐莹说胡从经："爱书成癖，猎书类痴，藏书似狂，赏书如醉，庶几可以形容胡氏于书之痴迷狂谵，恰如宋代诗人尤褒所云：'饥读之以当肉，寒读之以当裘，孤寂读之以当友朋，幽愤而读之如当金石琴瑟也。'也许正是这般傻劲的书呆子，方写得如此挥洒自如、文情并茂的书话罢。"书话乃读书种子，亦藏书家之本色也。

成玉曰：读胡从经书话，其资料丰富，考证详瞻，分析透彻，评论犀利，既有独见又有抒情，大手笔耳。其写作书话，师承阿英、唐弢二公，自成一家。一卷《香港诗话》，令人爱不释手也。

诗云：柘园藏书不寂寞，欲写书话有楷模。买得青山风光好，两岸三地结硕果。

五十一　地暗星锦豹子杨林·沈文冲

沈文冲先生是当今收藏研究毛边书的著名专家，一部《百年毛边书刊鉴藏录》见证了毛边书发展的坎坷历程。他把那些热爱毛边书的人称为"毛边党"。据说"毛边党"的"开山鼻祖"是鲁迅先生。唐弢誉鲁迅和周作人共同编译出版的中国第一部毛边书《域外小说集》："此书几乎成了新文学中的'罕见书'，有资格放入新式黄尧圃的'百宋一廛'中去了。"书话写作离不开毛边书，沈文冲的研究功不可没。

徐雁说："大凡喜欢书话的人，在图书美学观上，由启蒙而自觉。或先或后地都认同了书籍的'毛边'之美，最后几乎都自动皈依了以鲁迅为首的'毛边党'。……我以为，知'毛边本'之趣味与否，乃是一个读书人在书籍文化的殿堂里能否登堂入室的一个标志。用时下的俗话来比方，那么，是否藏'毛边本'并欣赏之，乃是检验主人在文化世界里，能否从'厨房'的物质层面，昂然而入'厅堂'的精神层面的重要尺度。"（见《毛边书情调·后序》）这话还真的说得有点"绝"，或者是"毛边党"人借毛边书而表达的一种爱书的情怀吧。姑妄言之，姑妄听之。读普通版本的书，还是欣赏收藏毛边书，趣味乎？读书乎？

什么是毛边书？沈文冲在《毛边书小史》中说："简言之，就是书不切边。一般地说，毛边书就是图书在印制过程中，未经最后一道裁切工序，保持折叠原状，书边稍有参差的书籍。……严格地说，合乎标准的主流毛边书，起码应该从内容到形式具备这样几个要素：一、内容可读；二、版面疏朗；三、拼版准确；四、用纸精良；五、折页整齐；六、锁线装订。"关于毛边书，他还介绍了很多人包括鲁迅和周作人等名家名言，虽然心向往之，但在今天那样标准的毛边书，恐怕不易上手。当今毛边书"物以稀为贵"，在众多爱好者一路追捧下一书难求，价格突飞猛进，可能离普通读书人越来越远了。书话可以离开毛边书，但毛边书离不开书话。

成玉曰：买书藏书多年，似乎从未想到要买毛边书。我来也迟，闻说毛边书之种种情趣以及想收藏毛边书，也只是近几年的事。虽然寒斋幸有一二，多是过去在旧书地摊不经意中得到的，当珍之宝之。但能否登堂入室，实在不易也。由毛边本进入书话，又由书话写毛边本，在众多的"毛边党"中是可以大有所为的。

诗云：百年风流毛边著，参差之美留天地。边裁边读边陶醉，是书非书还是书。

五十二　地轴星轰天雷凌振·朱金顺

在当今学者中，能坚持认同唐弢书话并在写作中以唐氏"四个一点"为基本概念的人，恐怕已经不多了。朱金顺先生就是其中之一，可感可佩也。这是一个很有趣的现象。大凡学者写书话，多以现代文学研究为中心，即使研究新文学考据等，至多不过把书话列为资料一途。朱先生对现代新文学有精湛的研究，著述有《新文学资料引论》《新文学考据举隅》《新文学资料丛话》二书，影响深远。

徐雁说："先生律己甚严，而治学亦认真执着。尚忆二〇〇四年秋首次登门拜望，曾有两小时晤谈。先生且题词赠余以《新文学资料引论》《新文学考据举隅》两书。新文学之发眼，容不得文坛脸面活动以沙尘微粒，话语间剀切所指，令人动容。于是倍添敬意，乃有结集《新文学资料丛书》之约。如此，三书并具，则先生之史料考证学问大略俱在矣。"（见《新文学资料丛话·后序》）

朱金顺在《唐弢先生与"书话"》中说，写新文学书籍的书话，唐弢先生应属第一人。他认为：一、具有极丰富的版本知识，开拓了史料学的新领域；二、精辟的见解，精当的论断；三、糅进记叙、抒情的文字，使书话成为散文领域的一枝奇葩；四、讲究篇章，富有文采。并就以上四点，举例说明，阐释了唐氏书话的风格和特点。他读《〈沉种〉之五》说："书话中写入藏经过，读书的感觉，正是题跋、读书记的常体，唐弢此文，不仅有版本知识，而且有兴味，耐咀嚼，是很好的一篇书话。"

由于他坚持认同唐氏书话观，所以对自己的书话写作要求甚严。他的《新文学资料丛话》分四辑：一、书人与书话；二、书评与序引；三、杂记与杂谈；四、考据与商榷。他说："书的第一辑是《书人与书话》，我这里只收正规的书话。目前读书界因书话走俏，书话类图书搭车现象严重，这恐怕是不妥的。我以为书评不是书话；为别人出版的书写的序、跋不是书话；商榷、补证性短文，也不是书话。有的学者认为，凡关于书的话，均为'书话'，我以为太宽泛了，此意本人不取。"好一个"此意本人不取"，真令人肃然起敬也。

成玉曰：记得《书话史随札》出版时，编辑与我们商量，说丛书出版后每人互换一本增进友谊。妙哉！还记得我的一篇《我的一本冰心诗集》在阿滢主编的《泰山书院》发表，他读后说很有趣,也写了一篇。就书话说,他这种严谨的治学精神,最令人感动,也是我学习的楷模。

诗云:为学不作媚时语,师承唐弢真执着。书话搭车太泛滥,非我本意概不取。

五十三　地会星神算子蒋敬·罗文华

回想二十世纪九十年代的那个"书话热",除了出版社出版"书话丛书"外,在报刊上也经常可以看到关于书话的文字。风云际会,万马奔跃。可惜,好景不长,深入的研究至今还没有完全展开。罗文华先生兼报人、作家、学者于一身,站在时代的前沿,眼光锐利,曾有长篇论文研究书话,至今读来,仍不乏真知灼见,对新时期书话研究颇有开山之功。

他在一九九六年六月号《天津文学》杂志发表的《一种特殊的散文——论书话》中认为"书话与书评各有所职",否则"不利于它们分别作为相互独立的文体健康地发展",而"一个好的散文家或者一个好的学问家,不一定就是一个好的书话家",因为后者的前提是要"学识渊博,修养丰赡"。他还指出:"书话要有书卷气,又要有文体美。而'抄书',不仅省去读者找书之力,而且通过作者对引文稍加诠释,嚼饭哺人,使读者容易读懂,事半功倍。"都快二十年了,他说的这些话对我们今天认识书话仍有很大的启发。与此同时,徐雁平在《出版广角》又有《给书话划个框框》。作者希望"给书话划个框框,只是希望它健康发展而不至于毁于泥沙俱下的热热闹闹之中"。他又说:"无规矩不成方圆。书话的过分泛化只能毁坏书话的这种新文体。"可见现在书话出现的问题在"书话热"中就已经出现了,而且愈演愈烈。怪不得有很多人视而不见任其发展,在一片混沌之中自生自灭,一个好端端的文体至今还在文坛上飘荡,像雾像雨又像风也。

就在此时,罗文华先生又站了出来,写了一篇《给书话"啃老族"扎一针》。他说这些"啃老族":"第一步,给那些功成名就、著作等身的文化老人写信,充分表达自己渴慕已久的心情,以及亟待学习的愿望。同时,汇上书款,要求文化老人在其著作上签名后寄来,自己会好好拜读、珍藏。当然,也会有一些年轻的作者不辞千里之远,提着土特产,直接登门拜访文化老人,这样当场就能够得到签名本,而且拿着头一位文化老人的签名本再找第二位索要签名本,就会容易一些了。第二步,利用已经到手的文化老人签名本做文章,写书话。这些'书话'大抵是一个套路:先写自己在没认识老先生之前,就如何崇拜老先生,如何做梦都想见到老先生;再写见到老先生或接到老先生寄来的书之后,老先生对待自己是多么的热情,老先生表现出多么高的人格魅力,自己是多么的感动;最后则是对老先生其人其书的大段介绍，基本上是从老先生的书里抄的，而且抄的路数一样——不同作者写同一老人，就像是一个作者写的。第三步，将这些'书话'投给报刊。一些小报小刊的编辑，既约不来老先生写的稿件，又不清楚事情的来龙去脉，见有写文化老人的稿件，为求名人效应，也不加甄别审理，就给这样的'书话'大开绿灯。而这些'书话'作者得名得利，吃惯了甜头，进而聚文凑册，买个书号一印，书出来后再给老先生们寄去'求正'，哄得老先生们高兴，再赠来更多的签名本乃至墨宝……"

成玉曰：我与罗文华先生相识亦久矣。虽然闻声不见面，但经常在网上沟通，受益匪浅。在当代人的书评书话中，罗文华先生每有新作，都切中时弊，深得爱书人喜欢。不仅是"学识渊博，修养丰赡"，更是一位讲真话的敢言之士，难能可贵也。

诗云：腹有诗书气自华，喜读经典成一家。风雨不改来时路，辣手妙语说书话。

五十四　地佐星小温侯吕方·孙郁

在特定的历史环境和写作的语境中，关于鲁迅和周作人的研究，特别是新时期以来，在热热闹闹的言说中，成就了很多专家学者，乃至成了一门"显学"。孙郁先生乃其一也。关于周作人的知堂书话，他别有意趣地提出了一个"周作人传统"，影响甚大。然而由于某些误读而使这个传统缺少严格的定义，加之知堂书话本身概念的模糊性，虽然在写作中似乎遍地开花，但得其精髓者少矣。所谓"周作人传统"，其实不过是一种心向往之而已。不可学，不能学，不必学也。

孙郁在《当代文学中的周作人传统》中说："直到二十世纪岁末，我读止庵、刘绪源、林凯的文章时，发现了他们不由同时站在了知堂那里。止庵的小品几乎与知堂如出一辙，我觉得他在其中陷得很深，连词章都相似得很。刘绪源写过一本读解周作人的书，他还出过多本散文，走的也是《药堂语录》的路子。我在他那儿也看到某些痛楚，那便是'苦茶'式的哀怨，虽然把它处理得很淡，仿佛并不经意，而无边的怅惘，依稀可辨。是有意的追随，还是无意的巧合呢？批评家们自有说法吧？最有趣的是，在更为年轻的扬之水的书话，还有那本《诗经名物新证》里，学识里也透着'苦雨斋'式的情趣，文章绝无制义之气。把学术当成小品来写，不以洋八股的调式泼墨为文，在国内为数不多。张中行、谷林这样，金克木、陈平原也这样，在学术随笔里，常能见到国人心性原本的东西。从《庄子》《老子》到《鲁迅全集》，精华的语句非逻辑思辨，乃东方式的顿悟。当代学人中，有许多看到了此点。与洋八股对立的这种书话体的文本，我以为可以促进学术与创作的发展。"

又说："看知堂书话、小品，气象从明清那里流来，但又多了日本散文和古希腊品格，以及蔼理斯的精神。学识的，反俗性很浓很浓。我一直觉得，周氏'附逆'之事乃'饭碗'使然，思想剥离于'饭碗'后政权那是另一回事，黄裳、张中行都走他的写作之路，其实是思想与趣味在起作用。"总之，在孙郁看来，这些都是"个体的知识趣味和悠然的审美理想"。

成玉曰：至少到目前为止，周作人的书话在概念和定义上依然还是恍惚迷离，学者各执一端，说者又不知其底蕴，在误读中各自的言说和写作似乎离知堂书话越来越远。无他，既没有知堂式的苦涩，又没有其深厚的学养，更没有那样一种历史的沧桑之感和家国之痛。我曾两论周作人书话及其影响，但人微言轻，如飘风过雨，转瞬即逝。今读孙郁，不能不感慨系之也。

诗云：热闹声中说知堂，书话迷离费商量。但见众人皆喜欢，当年苦涩谁肯尝？

五十五　地祐星赛仁贵郭盛·刘绪源

自锺叔河《知堂书话》风行以来，很多读者在模仿中写作书话，由于知堂书话并不好学，在各种误读中又呈现出各种风格和气象，有感于此，刘绪源先生写了一本《解读周作人》，就知堂书话提出了自己的独到之见。在第四章《作为文体探险家的周作人（下）》中专门讨论了"知堂小品与知堂书话"。似乎可以说，这是对周作人书话的第一次"文体探险"。怪不得舒芜先生大为赞叹，写了一篇《真赏尚存，斯文未坠》。他说最近读了刘绪源先生的《解读周作人》一书，给我很大教益。原来周作人并不好读也。

刘绪源说："知堂书话总的特征，可说是：寓心境于读书，寓思想于学问，寓热切于冷门。"他说："一篇小品与一篇书话，其实都是理与情的相互融合。当'余情'大于理趣时，是颇适于做小品的，这里的'理'隐藏在'情'的背后，于是造成了苦涩的滋味；而当理性或理趣大于余情时，则更适于作书话。"知堂书话向以苦涩闻名，什么是理趣，什么是余情，至少就书话来说，他这里似乎说反了，因为造成苦涩的原因，是"'理'隐藏在'情'的背后"，而不是"理性或理趣大于余情"。值得玩味的是，他在后面的文字中引用黄裳的话："书话其实是一种随笔，一种很有文学性、很有情趣的文字。"书话不好写，更不易说也。

刘绪源解读周作人书话，最值得一说的就是周作人的抄书。一是"连类抄录"；二是"横向并列"；三是"以抄代叙"。刘绪源说："他的抄书之作，其审美价值，其给于人的充实感、丰富感与满足感，是超出他早期的小品之上的。"舒芜说："这真是极大胆之论，似乎有些惊世骇俗，细想却是完全真实，十分平实的。"这一唱一和，把周作人的抄书推向极致。其实抄书并不是书话的专利，古已有之也。

成玉曰：刘绪源解周作人的书话，从文体入手，但说来说去，似乎并没有一个基本的概念，或者说在书话的起源上和发展上，还缺少一个比较完整的参照体系，就周作人论周作人，而不说阿英、曹聚仁、唐弢等，恐怕也只能停留在周作人的个人风格，而这种风格，在某种意义上瓦解了书话在发展和变化中的整体概念，这是颇为可惜的。

诗云：解读知堂说书话，文体探险自成家。一种风流吾最爱，以抄代叙笔生花。

五十六　地灵星神医安道全·赵普光

在沉寂和冷落的书话研究中，赵普光先生一枝独秀，其博士论文《书话与中国现代文学》经过修订后终于出版了（人民出版社，二〇一四年四月版），十年的冷板凳终于开花结果，填补了长期以来书话研究的一个空白，可喜可贺。就我所知，赵普光是书话理论研究和全面总结书话概念和定义的第一人。虽然此前也有不少学者做过种种努力，但无出其右也。

杨洪承说："本书纵观历史与当下独特书话写作现象，以开阔的文学史研究视阈，探源书话文类之特征，辨析变迁之原由，考察其背后学层的文学文化之内涵。作者始终立足于大量原书原刊的深入细致阅读，查询旧籍旧刊，搜索国内外网络资源，钩沉书话中人与事的史料为其立论的基点，才有了这样一部现代文学研究领域开拓创新,突破显著的学术专著"(《书话与中国现代文学·序言》)。丁帆也说赵普光是"从书话研究切入文学史研究的第一学者"(赵普光《书窗内外·序》,上海科学技术出版社,二〇一四年四月版)。把书话置于现代中国文学史研究,确实是赵普光"独立发现的一个全新课题"。他的这种研究,丰富了现代中国文学的内涵,至少在重写文学史的意义上,有不可替代的价值和意义,对我们的书话写作也会产生深刻影响。

关于书话,他说:"在来源上,(书话)由中国传统的藏书题跋、读书记、论书尺牍等发展演变而来;对象和内容上,以读书为主或由读书而生发开去谈及相关的人物、故事、史料等等;形式上,自然随意,不必强调理论色彩,所发展议论往往点到为止,故可采取多种形式,序跋、随笔、书衣文录等等不一而足;格调上,因创作者与书话本身的内容之故,书话往往充溢强烈的书卷气和深厚的文化内蕴。综之,笔者认为,对'书'的感悟、品评,或在此基础上的生发开来谈及与书相关的人物故事掌故,抒发社会历史人生的种种况味,用富有文学性的手法将这些感受、议论表达出来的文字,叫书话。这里对书的感悟和品评可以包括对书的内容、艺术及书的装帧、历史变迁等多种谈论。"

成玉曰:受赵普光先生的影响,我写过一篇《论书话的概念和定义》(载《藏书报》)。现摘录如下,略见一斑:"应当说,据我的孤陋寡闻,这是我目前所看到的关于书话概念和定义最令人满意的一种。作者在这方面的研究,也颇有独到之处。然而遗憾的是，我认为他的这个书话的概念和定义，至少是在我看来，漏掉了一个最为关键的地方，也是书话的灵魂。我指的是藏家和版本以及关于书故事。在某种意义上说，没有藏家就没有版本，没有版本就没有故事，没有故事就没有书话。所谓书林掌故、人物故事、得书经过、时代背景等，以及对书的感悟和品评，都由此而来。或者说，他的这些概念和定义，不是正宗的书话，倒完全符合读书随笔，而书话与读书随笔，看似相同，其实大有径庭。"

拙著《书话史随札》出版后，徐雁先生希望我寄一本给南京师范大学正在研究书话的赵普光，说这本书对他的研究或许有些帮助。在与赵普光的通信中，得知他正在写书话研究的论文。他说在图书馆看到这本书觉得有参考价值云云，一本小书能得到研究者的重视，在我当然是很高兴的事。后来看到他的论文和其他发表在报刊上的文章，受益匪浅。到底是博览群书的学者，治学认真严谨，将书话置于中国现代文学史的研究之中，颇多创获。虽然我对他关于书话的概念和定义，并不完全认同，但他的研究却使我眼界大开。吾道不孤也。

诗云：书话研究开新章，独具慧眼不寻常。寂寞甘坐冷板凳，世上几人赵普光？

五十七　地兽星紫髯伯皇甫端·流沙河

曾几何时，流沙河先生因《草木篇》而打成"右派"，声名远播。因诗而招祸，又因诗而得名也。自述曰：世无英雄，遂使竖子成名，一朝挨批，四海骚然，流沙河小小的年纪，几乎被人们早早地"拜识"了——到底"拜识"了多少？多深？不知道！此谓国家不幸诗人幸，诗人不幸诗歌幸乎！有人说，流沙河和锺叔河是当今读书界的两条河（万康平语）。两峰并峙，双河争流，乃文坛奇观也。

流沙河晚年由诗而文，由庄子而"说文解字"，他说他的爱好和兴趣是研究古文字。徐明祥说："有风骨之人方能有风骨之文，发不同流俗之声，《庄子现代版》行世，流先生功德无量，嘉惠学林。"流沙河自序云："庄子不官不僚，也不运动社会，他只躲在陋巷著书，批评显贵的儒家，攻击污浊的社会，向往神秘的自然。布衣草鞋，糁汤野菜，物质贫困，精神自由，他是寂寞一生的文豪。他的书安慰了历代的失意文人。"奇人奇书，所以有人说："先生其是今之庄子乎？"

更有趣的是，他写诗自述一生："瘦如猴，直似葱。细颈项，响喉咙。眼虽瞽，耳尚聪。能游水，怕吹风。浅含笑，深鞠躬。性情怪，世故通。植过棉，做过工。未享福，总招凶。不务实，老谈空。改恶性，求善终。"到底是名诗人，用这样的幽默诙谐，概括自己的一生，其独特鲜明的个性跃然纸上，令人忍俊不禁。他说："作为一个作家、诗人，我是很失败的。但是作为一个读者，我是合格的。我读了很多书，一些年轻的编辑遇到什么知识典故不懂，就打电话来问我，我就告诉他们。这就是读书后给我带来的愉快。"先生之风，山高水长。

成玉曰：我不大懂诗，特别是现在的一些新诗。但读流沙河先生的诗，似乎还能领略一点旧诗的风韵。他有古典文学的底子，写起来怨而不怒，哀而不伤，在蒙冤受屈的年代，最得温柔敦厚的诗风，其感人之深，乃从苦难中来也。

诗云：儿女身世太坎坷，悲欢离合故事多。谁是诗坛射雕手？请看今日流沙河。

五十八　地微星矮脚虎王英·谢泳

这些年来谢泳先生从文学到思想，始终保持着自己的精神气质和高贵的思想，在旧人旧事旧书堆中打滚，关注中国知识分子的命运。现在又进入中国现代文学史料学的研究，写了一部《中国现代文学史研究法》，在历史的深处寻找中国现代文学研究的方法，令人耳目一新。他的这本书，说是研究中国现代文学史的入门书，似不为过也。

谢泳说："我读黄裳书话，很佩服老辈学者对书的热爱，也叹服他们对自己访书经过的回忆。"但关于什么是书话，又别有洞天。他说："什么是书话？现在有各种不同的定义和说法。我愿意把它定义为：面对与中国现代文学研究有关的原始文献，直接解说文献并强调文献本身与中国现代文学研究联系的文体。也就是说，凡书话必以文献价值为上，它包括两方面：一是书话的对象必以原始文献为第一目标，二是解说必能与中国现代文学研究发生联系，它的题材限定在中国现代文学范围内，与此无关的不算书话，如果扩大它的边界会失去它的独立意义。广义的书话，可能包括一切与书有关的文类，但我讲的书话是狭义的书话，只与中国现代文学研究有关才算。"

成玉曰：我是很同情地理解谢泳先生的，也很欣赏"它的独立意义"。中国现代文学书话确实离不开"史料"，但光有史料，就是书话吗，或者说"直接解说文献"的研究，就真的是书话？其实，关于书话，唐弢先生早就告诉我们，特别是那"四个一点"。现代书话确实能给现代文学史料提供很多有价值的讯息，对现代文学史料的研究有很大的帮助。但书话不是研究现代文学的论文和长篇大论，也不是"直接解说文献"的研究，我也认为"如果扩大它的边界会失去它的独立意义"。但如果仅仅限于"中国现代文学研究有关的原始文献"，书话也许真的会"失去它独立意义"（可参看拙著《书话史随札》和相关博文），因为书话是一个独立的文体，如果仅仅把它附属于中国现代文学史料之中，乃至成为其中之一个章节，这样的书话就会失去它独特的个性和迷人的魅力。书话除了它的文献意义外，最重要的一点是书林掌故和书与人的故事。所谓书话，简明地说，就是讲书与人的故事。那些原始文献与过往的书人书事才是书话的真正涵义。我们读书话，就是从这些"故事"中去领略去发现去欣赏中国现代文学的魅力，唤起对中国现代文学研究的兴趣。但书话本身承载不起研究中国现代文学的重任，它只是一种有知识、有掌故、有故事、有情趣的随笔。我有一个当教师的朋友，他每年都要到处访友问学。他说谢泳先生真是一个大好人，有谦谦君子之风。今读其书，想见其人，有思想有风骨有气象也。

诗云：旧人旧事旧时光，喜读书话爱黄裳。为学甘作孺子牛，上下求索谱新章。

五十九　地慧星一丈青扈三娘·扬之水

在历史的误会中，特定的条件在风云变幻之际往往能造就一批奇才。扬之水生逢其时，从给《读书》投稿到成为《读书》编辑，又在转益多师中因某种机缘而跨入"翰林院"，名满天下。由诗经而名物，梿柿楼读书引人注目，传为美谈。说不尽的扬之水，乃奇人一个也。

然而遗憾的是，今天的扬之水在采蓝采绿中已修成正果进入了高深的学术殿堂乐而忘返，离我们这些普通读者——喜欢读她书的人，越来越远了。我们想读的还是像《脂麻通鉴》和《终朝采绿——扬之水书话》这样的有学问而不做学问的文字。在这本书的后记里，她说："在新作旧作里挑挑拣拣，删汰补缀，总算理出一编。虽然题作'书话'，但看来看去，终觉不像，书话应该是很有学问的文字：知人、知书、有见解——我向来把黄裳的书话奉为楷模。只是用功很久，下笔之际也颇费心力，却究竟不能及其万一。天分、才力所限，这真是没有办法的事。"话虽然说得很谦虚，但书话不好写，略见一斑。奇怪的是，扬之水惯爱周作人，其文章入门据说是从《知堂书话》入手，为什么谈到书话，却奉黄裳为楷模呢？"恨无今人作郑笺"也。

扬之水的老师之一、孙机先生在这本书的序文中说，书话大概并没有一个特别的规定。"谈书品，谈版本，谈书的作者，谈书的主人，谈书的流传，谈书中内容引发的感悟，或者只谈自己对书的爱与不爱，都可以算作书话。……书话是书评的别体，它是读书人之间的谈话，清茶一瓯，对谈忘倦，人与书，书与人之间的恩怨际遇，便在这轻松自由中缓缓流泻。"所谓"别体"，大概就是扬之水书话的一点特色吧。

成玉曰：十年前一位朋友帮我求得扬之水《诗经名物新证》的签名，题曰："日将月就，学有辑熙于光明。"后来扬之水在《我与书》中解释说："'辑熙'，有积渐广大之意；'明'，澄明，即为学当求索不已以进于广大澄明之境。"她说作为自己的座右铭，与爱书人共勉。我虽然一向不大注意什么签名本，但觉得这句话很有意思，更何况那几个娟娟细字，也不是随便什么人写得出来的。天赐良机，有幸与她有一面之缘。与君一席话，胜读十年书也。

诗云：天生一个扬之水，诗经名物惹人醉。知人知书追黄裳，采蓝采绿终不悔。

六十　地暴星丧门神鲍旭·谢其章

　　藏书家谢其章得地利之便,在人杰地灵的京城中以"杂志大王"闻名于世。其《搜书记》《创刊号风景》等,一纸风行,有"谢氏书影系列"一说。又频频亮相于大庭广众谈收藏说期刊,侃侃而谈。有人说他语带诙谐,"老滑俏皮",讲藏书,说书影,语惊四座。所谓"一生只为书狂",精神可贵也。

　　关于杂志收藏,他说:"我是个不折不扣的'杂志癖者',藏有新旧杂志三万余册,挤占了家庭的生活空间,挪用了家庭的日常开销,衣带渐宽终不悔,为杂志消得人憔悴,何苦?何必?旁人难解其中意,冷暖只自知。"如此用心、如此动情、如此收藏,这就是藏书家的魅力,也是其成功的秘诀。

　　书话是藏书家的当行本色,但藏书家的书话却各有千秋,谢其章好像特别钟情于"期刊书话",这也许是他最大的特色。所以他对书话的写作和看法,常常有一己之见。他在《藏书家的"书话"》中说:"书话的形式和内容可适度宽泛,但'书话'不应是一个大菜篮,什么都可以往里扔,如此的话,一篇中学生的作文《书是人类最好的朋友》也可以算作'书话',岂非笑话?看一看今日之'随笔'满天飞地包容万象,就担心'书话'一体也沦落到那地步。话虽是这么讲,谁也没有权利限制谁不能使用和利用'书话',既已成事实,不妨妥协一步,姑且将书话分为几类,对号入座,一类称为'藏书家的书话',一类叫'读书人的书话',一类是'爱书人的书话'……"他说他还是偏爱"藏书家的书话",感觉那才是正宗写法。他喜欢姜德明的书话,说"姜先生的书话,每一篇都有一个故事,这个故事也许解决的是版本的疑问,也许讲述一位作家的逸事,你读过所有姜先生的书话后,是找不到一篇是'就书论书'的,空发议论的"。

成玉曰:记得当年一位朋友送我一本谢其章的《搜书记》,觉得很有趣味,乃爱书人读书人之心声也。后来我在《书友》上写了一篇《这么早就回忆了》,针对当时的某种现象有感而发,没有想到的是止庵先生读后说我"完全不讲道理"。也许他说得没有错,也许是我瞎操心,"道理"云云,别有趣味,只是知人论世,话还不能说得太绝,过犹不及。谢其章搜书甚勤,颇能著述,然藏有余而学不足也。

诗云:今生今世为书狂,搜书三记旧时光。由藏而读多故事,南玲北梅费评章。

六十一　地然星混世魔王樊瑞·沈昌文

当《读书》成为历史，在扬之水的日记中遥想当年的主编沈昌文先生，可敬可爱也。俞晓群《沈公三书》说沈昌文有三本书必读：一是《阁楼人语——〈读书〉的知识分子记忆》，二是《八十溯往》，三是《也无风雨也无晴》。

扬之水说："有人称《读书》是知识界的一面旗帜，不唯过誉，且比喻不当。如果它是旗帜，在几回风、几回浪中，早该被拔掉了；如果它是旗帜，在百万大军中，早该被更鲜明、更激进的旗帜超越了。它从来不是猎猎迎风的旗帜，而是地表深处的潜流：不张扬，唯渗透。这是它的坚忍，也是它的狡狯，更是生存竞争中锻炼出来的品格。"在"温柔敦厚"中，《读书》有一种独立思考的精神。用沈昌文的话来说，就是

"说三道四""不三不四"。所谓"智可及,愚不可及"也。被扬之水誉为"始终显露一分聪明"的王蒙说:"沈兄是出版工作的英雄,是出版工作的人精。大哉沈公,无所不通;大哉沈公,无所不精;大哉沈公,随心所欲;大哉沈公,嘻嘻松松,有了沈公,让人觉得活着多了一点趣味,他很有自己的一些原则,但并不是苦大仇深。"俞晓群说他这句话说得很有寓意。

沈昌文先生说他自己的一生可以用二十字概括:吃喝玩乐,谈情说爱,"贪污盗窃","出卖情报",坐以"待币"。说自己办《读书》的精神是:无能、无为、无我。他还说要"以谈恋爱的方式谈工作""要想征服作者的心,先要征服作者的胃"等。这就很有一点江湖意气了。用这种办法来主编《读书》,真的是"不三不四"也。

成玉曰:自《读书》创刊起,我就是它的忠实读者,记得那时总是怀着一种期待和兴奋的心情去买每一本书。在《读书》上认识了很多大家名家,例如冯亦代、张中行、金克木、黄裳、谷林等,受益匪浅也。遗憾的是,沈昌文先生退休后,我越来越没有当年的兴趣了。惜哉!

诗云:三无精神编《读书》,温柔敦厚扛大旗。吃喝玩乐谈恋爱,愚不可及智可及。

六十二　地猖星毛头星孔明·薛冰

六朝烟水，金陵书香，薛冰先生是南京著名的藏书家，也是一位书林高手。妙笔生花，乃江南第一枝笔也。从小说到书话，从"虚构"到"写实"，一路走来，著作颇丰。如《金陵书话》《旧书笔谭》《淘书随录》《止水轩书影》乃至《旧家燕子》等，处处引人入胜。有人说他"雅人深致，木讷潇洒"，真名士也。

薛冰先生的书话，既保持了藏书家的本色，又有作家的文笔，还有多年的淘书经验，所以他对书话的写作很有自己独到的见解。他在《止水轩书影》的序中说："书话当然不是小说，但书话同样要有某种引起读者阅读兴趣的东西。这种东西，严格地说，就是一篇书话的生命力所在。……一篇好书话，应该能够让人读后确有所得，能够为读者提供某些新知识、新信息、新视点，新方法。"又说："我所读到的书话作品，至少可分为两种类型：专或精。专家学者，就某一命题，系统阅读研究相关作品，其所作书话集，谨严精湛，自可为学问门径；而或兴之所至，漫步书林，随手采撷，杂花缤纷，则令人眼界大开。当然，专而能破门而出，博而能融会贯通，才算得书话的最高境界。"这是他的经验之谈，或者说是写作的理念，虽然并不一定就是书话的最高境界，但至少就书话的写作在当代发展和变化中来说，也是一种很可贵的探索。

由写小说闻名而又钟情于书话，这到底是什么原因？他在《旧家燕子》自序中说："人老了，书心犹未老。在小书店看到有趣味的书，忍不住还会买回家。但更多的，则如福眠先生所说是'在家里淘书'了。将书房里一人高的书打包拆开来，一本一本的旧书，都有故事，也就想着如何分门别类，写成书话。"如果说前面一段话注重知识与学问，那么这里所说的"一本一本的旧书都有故事"，就有一点书话的味道了，书话就是讲书与人的故事。

成玉曰：金陵乃书香之地，人文渊薮，名家辈出。其《开卷》杂志开新一代读书之风，薛冰与焉，贡献尤多。惜未能与之一通音信，悔之晚矣。今撰"书话点将录"，不能不说也。

诗云：江南犹有读书台，千年风雨放光彩。止水不止真潇洒，旧家燕子飞去来。

六十三　地狂星独火星孔亮·赵国忠

"旧京"乃藏龙卧虎之地，其书香之盛，古老的琉璃厂至今传为美谈。赵国忠先生是著名的藏书家，工作之余，喜欢搜求"京派"人物的老版本，所藏之富，闻名海内。尤其难能可贵的是，他将这些"老版本"和盘托出，写成一篇篇隽永有趣味的文字，沾溉学林，最为人称道。

在《寻访老版本》一文中，他谈到了自己三十年来买书藏书读书写作的甘苦，还针对当下书话写作等问题提出了自己的看法，有一种历史的使命感和责任感。他说："这里说的'老版本'，指民国时期的出版物。而我更注重搜寻与新文学作家有关的那些书。近二十年来购存虽有限，但某书是如何到了我的手上，其间费过什么周折，得到过怎样的愉悦，又留下哪些遗憾等等，若如实地记录下来，倒有些话可说。"这些可说之"话"，正是唐弢书话一脉，乃正宗写法也。他曾感叹地说："在这一点上，权威、学者往往并不比普通爱好者高到哪里去，对此我常说一句话。谁占有了资料，谁才有发言权。"没有藏书家的底气，没有良好的学术修养，没有对现代新文学精湛的研究，是不敢随便说的。赵国忠先生当之无愧也。

关于此书的写作，他说："至于文章的长短，则视内容而定，比如所发现的佚文原作比较长，而我做的又是钩沉辑佚的事，须得保存作品全部，以资他人采用，这就需要全文录入。再说一篇佚文的解说，还要作一些背景、知识的介绍，否则全没来由，让人摸不着头脑。这样一来，文章就显得长了。所以实在是不得已而为之。"所谓"金针度人""资源共享"，其是之谓乎！我不知道我们有多少专家学者能将此和盘托出，资料躲躲藏藏，引文断章取义，不知所云者，比比皆是也。不为名，不为利，不趋势，不媚俗，这才是真正的民间读书人的高贵品格。

赵国忠先生的书话是沿着唐弢、姜德明一路下来的，在继承中又有发展。书话固然以"小"为贵，但面对稀见难得的资料，作者不忍心看其"躲在深闺人不识"，用一己之力"以资他人采用"。所以大胆地全文收录，并作一些背景和知识的介绍，为了读者，为了书话的发展，此举很值得提倡。他的这部《春明读书记》在某种意义上，并不仅仅是一本书话集，而是一种文学样式在发展和变化中所保持的高贵品质。在今天的书话创作中，似乎有一种示范的作用，也未可知。

成玉曰：自有幸结识赵国忠先生以来，承他厚爱，每有新书出版，他总是不忘寄我一本，此情可感可念也。其收藏之富，我总感到他写得太少了。这几年他为了编书，投入了大量的时间和精力。一个人读书藏书，并不完全是为了自己，而是将那些湮灭无闻的稀见版本著作和佚文挖掘出来，贡献给读者，使天下好书天下人共读之。这种读书治学的奉献精神，最令人景仰，最为人所不及也。

诗云：唐弢书话又一枝，藏书乃是吾家事。忘我甘为他人忙，天下好书共读之。

六十四　地飞星八臂那吒项充・李长声

　　李长声先生是当今著名的"知日派"作家，自励"勤工观社会，博览著文章"。代表作有《樱下漫读》《枕日闲话》《纸上声》《日下书》等，其文短小精悍，信手写来，趣味横生。止庵说李长声的随笔，有大品的分量，小品的态度，是真正的文章高手——有气量、有见识、有材料、有趣味。李长声对日本文化和出版的解读和见识，引人入胜，独树一帜。

　　李长声《樱下漫读》有一篇《读书大国的书评》，闲闲读来，似乎觉得他山之石，可以攻玉，对我们今天书评的写作或许有一点启发。他说日本是一个读书王国，但没有人自称是书评家。书评家的地位不高，但要写好一篇书评，却至少要得一天工夫，包括查阅资料，写稿等，但这枝"笔"只能作兼业，当行本色必须是大学教授或什么评论家之流。什么是书评？他说："日本语辞典《广辞苑》解释为'批评、介绍图书内容的文章'。有人有定义：所谓书评，是一本书在发行之时的历史与社会背景中被怎样读的记录。也有人认为，书评有两种，一是评论内容，一是分析如何以销行……以前，读者对书评还有些权威之感，但如今书评几乎成为一种目录，被当作情报来读。"读到这里，不禁想到我们今天的一些书评，大约也是如此吧。其实，书评是一种文化批评，书评反映出文化的水平。可惜，知道的人太少了。怪不得日本小说家丸谷才一说："书评往往被看作不过是读读书、写写读后感，其实，并不是那回事，比如，大报的书评栏找来写过一两本书的大学教授，或者小说写得不错但从未写过书评的小说家，让他们干，可是，由于缺乏书评家的训练，根本不行的。"

他还介绍了色川大吉对书评的说法："书评有几处类型，尽量控制批评性，收笔时来几句套话的'礼仪型'；前半批评，后半赞赏的'平衡型'；旁征博引、谈古说今的'权威型'；就书中某一两处大发感慨的'悬想型'等。"虽然这样的书评有缺憾，但看一看我们今天的所谓书评，差不多也都是这种样式，甚至有的更是等而下之。书评无定法，但至少要对得起读者，这是最基本的底线。

成玉曰：书评与书话各有所职，书话不好写，书评亦难矣。看到那些大报小报上的一些书评,我都不想再说了,真正有分量的书评何其少也。虽然我们有各种版本的"书评学",专家学者也很是不少,但像萧乾先生当年呼唤的书评家好像也没有几个,个中原因,值得深思。

诗云:他山之石可攻玉,樱下漫读够知己。书评不是无情物,枕日多闻亦多趣。

六十五　地走星飞天大圣李衮·钱定平

　　钱定平先生是个奇人。他在北大求学时，就是受到冯至先生欣赏的"北大三才子"之一。他是著名的语言和计算机专家，蜚声国际科学界。其文学创作和跨文化研究，贯通文理，融会中外，集科学、艺术、文学、历史、人文思想于一炉，有很高的阅读价值和美的享受。著有长篇小说《花妖》，散文随笔《围城秘码》《文化柔肠科学魂》《欧美琅嬛漫记》等，译有《海上画梦录》《爱情变奏曲》。有人说如果钱锺书是"文化昆仑"，那么钱定平应称为"文化珠峰"。

　　沈昌文先生在钱定平《欧美琅嬛漫记》序中说，他认识钱定平乃"于无意中得之"，是吕叔湘先生在无意中提到的，颇有嘉许之意，还专门介绍了钱定平。沈昌文说："我当时正在编《读书》，正在专门有意无意做这一类'无意中得之'的事，自然很快同钱兄熟识起来。我当时邀约钱兄为《读书》写稿，如是者若干年。……大概可以说，这本书所收集的，就都是一位专家的'无意中得之'的令人喜读的作品。"他说钱定平先生喜欢做"无意中得之"的专业以外的事情，这是专家的可爱之处。

钱定平此书的扉页是法国诗人阿·缪塞的一句："我的杯子并不大，但我用自己的杯子喝水。"（附外文）钱先生是个书痴书迷，喜欢逛旧书店淘旧书。他说自己从小就不务正业，喜好"淘旧书"，后来成了一种随手携带的"瘾"，而且从中国"淘"到了世界各国。他在《处处坟典忆"旧"游》中说："我经常做好梦、幻梦外带绮梦，各色梦境也即'潜意识'抖数出来何止千万。但是，我在梦中梦得最多，一直寻它千百度的却是——上海旧书店！"他说依我的经验概括地说，逛旧书店有三大"功利性"的推动力。第一，有许多书已经绝版，那便只有旧书店才是"独擅之场"。第二，另有一些书一时售缺，只要细心，在旧书店也时或能够找到。第三，价钱便宜。他说买旧书妙趣天成就在一个字"淘"。这真是经验之谈。他很怀念世界各地旧书店的老板，甚至说旧书店能左右一个中学生"选择专业"。他就是在旧书店迷念旧书而选择自学外语和数学的，还因此认识了著名的吕叔湘和钱锺书。

成玉曰：我一向喜欢读那些专业以外学者的读书随笔，读钱定平先生的书，真是天马行空，妙趣横生，令人忍俊不禁。怪不得沈昌文说他驰骋六合，纵横文坛，原来有本也。

诗云：欧美琅嬛淘旧书，专业之外几痴迷。无意得之传美名，杯子虽小大天地。

六十六　地巧星玉臂匠金大坚·周翼南

周翼南先生由小说而步入文坛，此前曾写过电影剧本《杜甫传》和《辛弃疾》。人到中年后，又兼及绘事，其山水、人物、猫和花卉，最惹人喜爱。作家而又画家，其散文小品，读书随笔，信手拈来，直抒胸臆，笔端常带感情。有人说："寻常人事，经翼南点染，都成好词。"其室名曰"顶天楼"，有"居楼顶天，俯望人生"之意。

周翼南《书房画室》（湖北教育出版社，二〇〇二年三月版）有一篇写北京的姜德明先生，他说："很早就结识了姜德明君，自他寄赠我《书边草》以来，也有近廿年了。我那时在《芳草》当编辑，希望德明君赐稿，给《芳草》增添点书香味。但擅写书话的德明君未能进入武汉，武汉似容纳不了书香味。

过去如此，现在更如此了。所以武汉出不了专写书话散文的作家，如北京的姜德明，如上海的黄裳，我想，他们这样的作家在武汉是难以生存的，甚至不能成为作协会员。因为他们不写小说，他们的书话不能得奖。书话也不能成为谋利的畅销书。写书话干什么？书话是什么？——一些急功近利的人们恐怕永远不明白这是怎么回事……时至今日，书话已经成为一种独特的文体，它不仅介绍书和作者，提供有价值的轶事史料，还可借此针砭时弊和抒发人生感慨的。特别是今天，当文坛弥漫着一种淫秽下作的脂粉气的时候，书话是一块净土。"十年又过去了，风景依旧也。

成玉曰：我今天在这里写"书话点将录"，真的要感谢周翼南先生。没有他无私的帮助，拙稿《书话史随札》恐怕早已灰飞烟灭了。这一路下来，他总是鼓励我要坚持下去，在我最困难的时候，他几次帮我找工作渡过难关。我与先生非亲非故，而一见倾心。每次到他书房看书，听他闲话文坛掌故，谈买书读书的乐趣，那真是一种享受。这些年来，他一直不忘我的读书和生活，奖掖后进，不遗余力。《书话史随札》出版后，他很高兴，给我画了一幅《出书图》，题曰："山上有树，地下有水，手边有可品之茶，案头有刚出之书，则足矣。成玉出书话史随笔，写此图贺之。"奇人奇字，令我陋室生辉也。

诗云：顶天楼上读书忙，趣说文坛怪现象。随手点染成好词，助成书话一瓣香。

六十七　地明星铁笛仙马麟·高 信

在当代书话写作中，由于特定的历史环境，很多人的书话写作都是从研究鲁迅开始的。由鲁迅而书话，是现代文学书话的一个亮点，也是一个很有趣的现象。自唐弢而下，高信先生也是如此，他承续了唐弢书话一脉，在写作中又有一些新的变化。从一九八八年到一九九二年他出版了四种书话集，被称为"高信四语"，即《品书人语》《书海小语》《书斋絮语》《北窗书语》。他说他当时不敢标上"书话"，而标为"书语"。尽管"话"与"语"二者似乎也相通，但毕竟"书话"对读者来说生眼得很。他说："何以用'书语'而不用'书话'？怕有唐突晦庵先生《书话》之嫌。"如果说二十年前人们对书话还很陌生，但自一九九六年姜德明主编"现代书话丛书"以及各种"书话丛书"风行以来，书话越来越受到爱书人读书人的追捧，各式各样的书话应运而生。书话几度红也。

高信先生在长期的写作中，对书话很有自己的认识和书写特色。他在《常荫楼书话》的代序《书话"出格"断想》中说："我是主张书话的写作的多种多样的，唐弢先生的，杜渐先生的以及国内许多书话作家的大作，倘能读到，我皆一一拜读，倘遇书话著作，我皆一一贮藏。书话是散文随笔的一种，正如我喜欢纪实散文一样，我更偏爱更多一些涉及现状、触及'敏感'带的书话。大约九年前，我在拙著《北窗书语》的自序中，这样表述出我的一点微末的追求：'书话'是一种相当灵活自由的散文，假如说它与广义的散文有什么区别的话，可能就是话不离书这一点罢。基于此，它既可以谈版本沿革，又可以叙掌故佚闻；既可以月旦作家之得失，又可以论评作品之短长。文无定则，书话也可以不受什么模式的约束，不过，我倒是给自己约法三章，这就是，着笔往昔，着眼现在，追求史料性和知识性与现实性的联姻。"

成玉曰：就书话论，《晦庵书话》乃正宗写法，唐弢先生也希望自己的书话不要太"出格"，这里面当然有很多历史的原因，但从书话文体上说，书话有自己独特的风格，和其他文体还不能混为一谈，书话是一个独立的文体。"出格"的书话偶而为之，也未尝不可，也是读书人的本分。但如果以此为正宗的写法，似乎太宽泛了，不利于书话的写作和健康发展。我也是喜欢读一些"出格"的书话的,高信先生的"约法三章"说得不错,只是在"史料性和知识性与现实联姻"的同时,还应该多写一些富有情趣的书人书事,这也许是书话最迷人的地方。

诗云:北窗书海常荫楼,书林一枝堪称秀。管它出格不出格,万家忧乐在心头。

六十八　地进星出洞蛟童威·杨栋

　　王稼句先生说，山西太岳山中有位爱书人杨栋，在梨花盛开的小院里，造了一栋小楼，用心收藏图书，并颇有勇气地称之为"梨花村藏书楼"。他说："杨栋不但藏书，还不倦地去读，勤奋地去写。他的写大都是所谓散文，记人叙事，抒情写景，乃至于读书感悟、访书经历等等，似乎要将自己的一生，用自己的文字记录下来；至于文笔，则自有一路，那就是懂得长短句的优长，注重行文韵律，注重遣词的准确，在微小处往往做得很精细，如果以词人作比，那就是周美成、吴梦窗的风调。"自牧先生说杨栋颇得耕堂主人孙犁的真传，今读《杨栋文集》（二）中的书话随笔，此言不虚也。

　　众所周知，大凡书话大家或高手，都有自己的"书话观"。

杨栋先生在《我的"书话观"》中说："我以为书话就是书话，它不是书评，高头讲章，学奥理论，叫人望而生畏。它不是序跋，架子十足，一味嘘拂，叫人敬而远之。它不是概述，落语平实，寻章摘句，卖弄资料，叫人大倒胃口。书话，一是关于书的书人书事，二是关于书的闲谈闲话，而且话中又蕴含着一种深情，对书的情，对文的情，对世故的情，才能耐人寻味，话中有话。……时下书话热销，许多人将其读书之稿，评书之文，新书之序，读书札记一古脑归入书话，此实为书话之歧途。真正的书话，是爱书人发自内心的真情流露，是藏书家寻书坎坷的沧桑之语，是读书人心领神会的真知灼见，是写作者铭心刻骨的肺腑之言，其标志是'四个一点'，但内蕴确实感慨万千，并不是涉及一本书就下笔千言，读过一书就海阔天空，写一本书就洋洋自得，买一本书就喋喋不休，这样的书话，真是不看也罢。"真是快人快语，直抒胸臆，并世难得也。

成玉曰：我来亦迟，虽然久闻先生大名，但一直没有与先生通信联系以及细读其作品。今撰"点将录"，乃不能不将先生列于名中为拙作增光。于是就试着与他联系求其大作，没想到他一下子就寄来一大包书，我受之有愧也。其中《杨栋文集》（二）厚厚一大册，全是书话随笔类文字。杨栋最心仪晦庵书话，其书话写作乃唐氏风格，用王稼句先生的话来说是"悠远而淡雅"，有词人周美成、吴梦窗的风调。而其"书话观"，又正与我合，"吾道不孤"也。

诗云：淘书访书不曾休，万卷归藏梨花楼。历经沧桑真名士，多副笔墨写春秋。

六十九　地退星翻江蜃童猛·桑农

　　书话与读书随笔真是一对"难兄难弟",所谓"话"中有"笔","笔"中有"话"也。书话以情趣迷人,随笔以理性取胜。各有优长,各见风格。桑农先生似乎对此并没有刻意的追求,但在写作上却兼此二者之长,其《随遇而读》和《读书抽茧录》等,别具一格。他在《〈读书抽茧录〉题记》中说:"本书收录短文三十六篇,大多涉及现代文学史上的人和事,写作时有意采用'史料学'的方法,推理于考据之后,判断在叙述之中。"并引前人诗:"读书心细丝抽茧。"

　　对当今的书话写作,桑农先生在《关于书话及其他》中说:"谈论书话的文字,我也读过一些,感觉满意的不多。书话作者的主张,属于一家之言,对照自己的作品尚可,衡量别人的作品便显得捉襟见肘；书话爱好者的意见，往往出于一己之偏，个性太强，不足为凭；书话研究者的论文，写成高头讲章，索然无味，终隔一层。《书话史随札》则不同，既兼顾各种类型，又具有理性思考，尤其是采用'随札'的形式，称得上一部关于书话的书话。"在书话的底线上，桑农先生是赞成侠义一说的。他上面说的"书话作者""书话爱好者""书话研究者"，这三种类型的人对书话的认识和态度，最令人深思，也是书话在发展中泛化的根本原因。他说："任何东西，发展到'热'的程度，就不免泛滥。出版界的书话热，展现了繁荣的景象，可假借书话之名纷纷出笼的某些书或丛书，肯定会泥沙俱下，鱼龙混杂。"真是一针见血，掷地有声。

成玉曰：自认识桑农先生以来，"亦师亦友"也。承他厚爱，每有新书出版，总不忘寄我阅读。不仅特意去买扬之水《读书十年》（一）给我，还向他的很多朋友推荐我与他们相识。我认识《藏书报》就是他推荐的，后来与潘宝海联系，在报上发过几篇小文。特别是那一次与潘宝海关于书话的对话，曾引起一些人的关注。此前我读书孤陋寡闻，是他打开我狭窄的空间，使我受益无穷，胜友如云也。

诗云：随遇而读不寻常，每有新著共欣赏。枕边书话窗前月，趣说蠹鱼爱书狂。

七十　地满星玉幡竿孟康·杨小洲

逛书店，特别是那些旧书店旧书摊，好像天生的就是爱书人读书人的癖好。据说一个不爱逛旧书店的人，算不得一个真正的爱书人。此话虽然说得有点绝，但至少也可以用来衡量一个人对书的感情以及痴迷的程度。杨小洲先生是一个读书人，不仅是一个读书人，而且还享有"全天候"读书人的美誉。一本《逛书店》，记录了他在访书淘书中的惊喜与得失，个人的闲趣在浮光掠影中为旧书店立此存照。

书话是一种有情趣的文字，逛书店又是书话中最令读书人神往的一节。他在开篇《隆福寺中国书店》中说："逛旧书店多是老主顾，他们在享受淘书乐趣的同时，也爱着旧书店的陈旧气息和发生在此的陈年往事。与新书店不同的，是这间旧书店散发的安祥，仿佛岁月静止，唯有书籍在有言无声地叙述，门雪瓦霜都挡在了墙外，加上满店旧书，读书人那一怀窃玉怜香的心意，朝朝暮暮都融入一纸风霜。"他说他第一次到这里淘书，就买到了胡适的《中国哲学史大纲》的初版本。众里寻她千百度，淘旧书是一种缘分。冥冥之中，不早不晚，恰如其时地在一刹那间与你艳遇，这也许就是旧书店的魅力，也是勾引你下次再来，心里不安的迷人之处。

据说嗜书瘾对若干现代人而言，似乎成了一种颇新奇的病症。《嗜书瘾君子》一书对书痴的描绘说："有两个名词曾被用以区分迷恋书的行为，一是'书之爱'，一是'书之痴'。两者之间的基本心态之不同粗略划分。书痴竭力于搜书、藏书，而爱书人（尽管也并不排斥收藏书籍）则用心在求取书中的知识与智能。"杨小洲说，这大概就是我们所要区别的爱书人与书痴的定义。他在《跋》中说："逛书店总是爱书人心中一件愉快的事，往往过程引人喜悦，结果令人回味，那兴趣总是伴随意外的发现，似乎那些收获本不为自己所有同路人，因与某书有缘，仿佛上天赐予，一见倾心，过后再想，都要惊叹缘分如此。"所谓可遇不可求也。

成玉曰：我逛旧书店三十年矣，如果还算是一个书痴，我的整个青春大概都消磨在这些令人流连忘返的地方了。不是在书店，就是在去书店的路上。往事如烟，哪堪回首？读书无成，白发徒增，不能不为之一叹也。

诗云：买书淘书最难忘，一纸痴迷甘苦尝。为伊消得人憔悴，来生不敢为书狂。

七十一　地遂星通臂猿侯健·胡洪侠

余秋雨当年口吐莲花,说深圳是中国文化的桥头堡。此言一出,舆论哗然。真真假假,迷雾重重,很多人都不相信。二十年过去了,今天的深圳出了一个叫胡洪侠的读书人倒是真的。自他的《书情书色》出版后,一路下来,又出版了《微书话》《夜书房》和《书中日月长》等,真的成了一座文化的"桥头堡"。

袁滨说读胡洪侠现代笔记体的书话随札,特色是短平快:"短——精短并精悍,经过精心提炼,压缩和取舍,精华尽在其中,短而有味;平——平常而不寻常的角度,全是与书有关的人和事,淋漓尽致地勾画了众生相,有平易近人的鲜活气息,是民间的平民的阅读素描;快——快乐的读书心得,欢乐的读书韵律，畅快的读书境界。"(《书叶散跋》刊《梧桐影》第三期)胡洪侠先生的《微书话》，大约乃"书情书色"一路下来的，读他的《书情书色》，似有董桥的风格，到底学贯中西，出手不凡。说到微书话，我们也许就会想起古人的题跋。书话由题跋而来，书人书事最为要紧。就书话来说，黄裳的《来燕榭书跋》，孙犁的《耕堂读书记》等，都向传统回归，人到晚年选择这种传统的题跋式文体来谈书，这个现象很耐人寻味。用旧文体来表达新思想，其开合自如，得心应手，很有自己的风格和特色。书里跋外，所谓家国身世之感也。没想到今天的微书话也似有回归传统之意，纸短情长，多为书林掌故和图书信息，似乎又有新的变化。赏心悦目之外，又有导引之功。一个"微"字，令人浮想联翩。既然是微书话，就要"微"出自己的风格，在别有所见中，使其丰富多彩，这才是我想看到的微书话。

成玉曰：到底是大侠，在书话发展和创新的今天能与时俱进开出一个新天地，其影响所及，恐怕就不是一个"微"字了。从微博到微书话乃至微阅读等，在书人书事中似乎有一种"世说新语"的味道。有趣的是，在夫唱妇随或妇唱夫随中，姚峥华又出版了一本《书人·书事》，一时传为美谈。大书话，小书话，微书话……书书书，话话话，迷人又可爱也。

诗云：书情书色微书话，敢为人先真大侠。文坛艺林多趣事，不是八卦亦八卦。

七十二　地周星跳涧虎陈达·彭国梁

近楼，书更香，彭国梁先生是一位著名的爱书家。近水楼台先得书也。近几年来，其《书虫日记》，一而再，再而三，在读书界产生了很大的影响。以一人之本，记一地之事，风趣幽默，笔带感情，与范笑我《笑我贩书》、子聪《开卷闲话》、阿滢《秋缘斋书事》，并列为当今四大"书事日记"，乃文苑之新声，书林之奇葩也。

彭国梁《书虫日记》（上海辞书出版社，二〇一三年六月版）自序"书，是我人生的支撑"中说："锺（叔河）先生说，他看了我的日记，觉得有几点值得一提的，其一是文笔好，看起来有趣，有些地方可以会心一笑。其二，写的大都是书人书事，淘书读书编书写书等，我写的很多人和事，他也熟悉，这就有了亲切感。再就是仿佛跟着我一起逛了一个一个的书店，或者是与一个一个的书友喝茶聊天。其三，我写了那么多的人，却很少牵涉是非，也不妄加褒贬。其四，我的应酬那么多，还居然做了那么多的事……我的两本日记，能得到锺先生这样的肯定，无疑是很高兴的。"真的，一个读书人能把自己的书事写得这么亲切自然，把心交给读者，乃至性至情也。

更为有趣的是，他在送书给朋友的题字，用的是"彭氏笨拙体"，虽然只一句话，但妙趣横生，令人捧腹绝倒。如"茶香书香女人香""一杯茶，一本书，无论魏晋""大地当床书当枕，清风明月当佳人""枕边无书梦不香""千里捧着书的女人怎么看都美丽"等，句句不离书，其独特的个性，跃然纸上，不可多得也。

彭国梁是"书虫"。他在二〇一〇年三月十二日的日记中引黄苗子的话说："'书虫'也有多种多样，有的因为求知心切，孜孜矻矻，有的为了著书立说，为百世师……至于老汉我的读书，却单纯为了读书有趣，追求那心领神会的趣味。"于是他专门刻了一枚闲章"无聊才读书"。

成玉曰：由于我孤陋寡闻，虽然久闻彭国梁先生大名，但一直没有读过他的《书虫日记》。近得阿滢先生之力，帮我联系彭国梁先生，没想到这位可爱的"彭大胡子"慷慨相助，寄收两本带新出的《书虫日记》，一睹其书中风采，"彭氏笨拙体"太好玩了。其人其书其字之有趣，名不虚传也。

诗云：都说近楼书当床，今读奇书共欣赏。一生读书只为趣，茶香书香女人香。

七十三　地隐星白花蛇杨春·范笑我

十年前，浙江嘉兴的秀州书局挂着冰心题写的匾额在没有鲜花和鞭炮中开张了。秀州乃书香之地，历代名家辈出，光照神州。今天的秀州书局不仅卖书，还为读者找书，更为惊奇的是，他们还坚持多年地办了一份《秀州书局简讯》，记录了读者当日买书时的片言只语和各地的书信往来，及时地提供和传达了很多文坛上有价值的讯息。今天重读这本《笑我贩书》（江苏文艺出版社，二〇〇二年二月版），不仅亲切有味，而且愈来愈彰显出它的史料价值和非凡的意义。据说《笑我贩书》已经出了四编（本），高中生范笑我也因此而名闻四方，叹为奇才。后来者承其旨趣，各种日记体书人书事，千树万树梨花开，乃书林之荣光也。

萧乾在代序《一间门面的"文化交流中心"——遥记嘉兴秀州书局》中说:"秀州书局不仅是个文化交流中心,它还是个社会观察岗。任何工作,不论空间多么窄小,只要投下心去,都能干得辉辉煌煌。"黄裳在列举了《笑我贩书》的种种特色后说:"最后,也是我最爱读,也是'简讯'特有的特色,是从顾客、游人……口中记录下来的议论,有时是类似传统'古谣谚'的顺口溜,这是普通老百姓的心声无顾忌的流露,自古以来就是采风者十分注意的事,虽然在诗文总集总是列于最后,但正是最值得注意的部分。"(《笑我贩书》三编)

成玉曰: 我的这本《笑我贩书》是一位朋友送给我的,当年他与范笑我会晤时,范笑我签名钤印送给他的。读这本书,好像读《世说新语》,读者的议论和评说,虽然片言只语,但爱书人多有文化底蕴,不脱书生本色,往往一语中的。这些买书者的"话",称之为"书话"也未尝不可,乃别具一格,引人入胜。此书最有趣味的是"后记"中关于书名的议论。有人说叫《秀州书局简讯》,又有人说叫《秀州贩书记》,还有人说叫《秀州书局纪事》等,但最后定为《笑我贩书》。王稼句说:"《简讯》汇集的书名,弟亦以为'贩书'好,与孙殿起'贩书'的著录版本不同,书界万象,书人交往,书事感慨,反得别裁之趣。"真的,一个"贩"字,"俗得雅"也。

诗云: 秀州简讯照山河,笑我贩书故事多。惯看承平风日好,烟雨楼上话烟波。

七十四　地异星白面郎君郑天寿·眉睫

在中国文学史上,湖北黄州(地区)乃是人才辈出、大师林立之地,且不说当年苏东坡在黄州得地气有前后两《赤壁赋》,光照神州,仅闻一多、废名等人,就足以雄视天下了。眉睫是一个青年学者,承其先人遗绪,又因为勤奋好学,坚持不懈。近十年来,著作和编辑了很多专著,特别是那一部《文学史上的失踪者》,填补了中国现代文学史的某些空白,难能可贵也。

谢泳先生在《文学史上的失踪者》序中说:"他由废名研究,扩展到喻血轮、梅光迪这些本籍或本姓作家,以及废圈(许君远、石民、沈启无、朱英诞、赵宗濂等),这个学术路径让眉睫的学术视野越来越宽。……以当前的学术规范判断,眉睫是一个完全没有接受过中国现代学术研究系统学院训练的学者，但他在自学过程中，注意由基本史料入手观察研究对象的学术实践，远比多数学院出身的人更符合研究规则。我想这也是眉睫的学术或成绩为中国现代文学史研究提供的一个经验，对中国现代文学科学建设也有非常重要的借鉴作用。"

应该说这是谢泳对眉睫的一个很高的评价，至少在"学院"之外，能取得这样的成绩还是不多的。然而回顾历史，往往对学术有重大贡献的，常常就是那些没有经过"系统学院训练的学者"，这并不是一个新的"经验"，而是我们的传统。只是在所谓的"学院训练"中，生搬硬套等，离真正的学术研究越来越远。眉睫的意义，就在于恢复了这个中断多年的传统，展现了一个民间读书人的学术气象，乃至有一种榜样的力量也未可知。

成玉曰：我与眉睫同为楚地之人，自相识以来，多次促膝谈心，为他所取得的成绩感到高兴。当然也曾告诫过他，要多读书，要有自己独立的学术见解等。特别是他北上求学，正是我十分期待的事。我知道如果不能走出这个封闭的小圈子，而自我满足，是不会有作为的。同时我也担心即使有今天这样的成绩，但今后的道路也许更艰难。我总是将自己的这些想法告诉他，他也总是在思考这些问题。我相信，在沉潜往复、含英咀华之后，他对文坛会有更大的贡献。

诗云：惟楚有材自用难，历经坎坷越千山。趣说文坛失踪者，敢教英名天下传。

七十五　地理星九尾龟陶宗旺·董宁文

当今文坛，至少在民间读书的意义上，如果还有什么奇迹的话，南京的《开卷》，当之无愧。主事者董宁文先生编书编刊，"一个人就是一个出版社"。风声雨声读书声，十年成就不寻常。虽然几易东家，虽然前路坎坷，但"南征北战"，壮心不移。有人说，北有《读书》，南有《开卷》，特别是他的那些"开卷闲话"，其信息量之大，故事之多，趣味之浓，别具一格，于"文章体制有开山之功"（黄裳语）。

黄裳先生说《开卷闲话》"立此存照，文苑所珍"。他说："子聪交友广阔，交天下士，消息灵通，随时着笔，以飨读者，救其蔽塞之病，功莫大焉。近来作风渐变，由'世说新语'式的只言片语，渐趋长篇报道，凡学人聚会，必有长篇记录，详其始末，其意义乃近于文苑史记矣。且取材公正，不删不减，异议纷呈，有'百家争鸣'之势，其作用更非从前模样了。诸家议论、风度，往往与此得其实况，于片言只语中得识其真面。"（《开卷闲话六编·序》）

面对如潮好评，董宁文先生感慨地说："这本闲话的前面，照例请了几位《开卷》的老作者写了一篇篇闲话作为序言，他们从不同的角度对闲话进行了解读，相信亲爱的读者朋友能从中体味些许妙处来，若从中还能读出一些弦外之音，那就更妙了。"（《开卷闲话六编·后记》）书话与出版密不可分，特别是那些耐读好看的书，往往在出版中会遭遇各种不同的命运和坎坷，办民刊编杂志更是艰难困苦，董宁文先生话中有话，其弦外之音，我也是相信亲爱的读者朋友能从中体味些许妙处来的。难为人言，又不得不说，在温柔敦厚中蕴藉着一种对文化的终极关怀，这是书话的魅力，也是读者喜欢读董宁文《开卷闲话》的根本原因。

成玉曰：我与董宁文先生相识亦久矣。回想当年他为拙稿《书话史随札》所作出的种种努力以及多次的赠书之谊，真是令人感慨系之。我只是一个普通的爱书人，读闲书，乱作文，一事无成。他对文坛的贡献，有目共睹。文坛有《开卷》，乃读书人之福也。

诗云：编书编刊说闲话，闲中有趣话桑麻。最是开山有奇功，宁文声名传天下。

七十六　地俊星铁扇子宋清·阿滢

"不知秋缘斋，枉做读书人。"阿滢为什么这样红？泰山不让土壤，乃成其大；阿滢读书交天下士，乃有其名。一卷一卷的"秋缘斋书事"，不仅记录了他的书香人生，而且还见证了我们这个时代的读书人在大变革中对精神家园的苦苦追求。在"馨香四溢，好评如潮"（罗文华语）中，阿滢先生以自己独特的个性和刚正不阿的品格，集"书迷、书痴、书奴、书癫"（自牧语）为一体，为士林争光，为书香增色，为读书人开天地也。

一部《书香阿滢》（大众文艺出版社，二〇一一年八月版），汇集了全国各地五湖四海的读书人在阿滢精神的感召下所作的评论，计有陈子善、龚明德、王稼句、自牧、徐明祥、罗文华等近八十位作者为阿滢立传。陈子善说："阿滢是坦率的、真诚的、可爱的，他不谙世故，不善伪装，不会掩饰什么，不会夸大其词。他生活在自己的天地里，美的世界里。"龚明德说《秋缘斋书事》录及的书人几乎是当今中国有品位的书界活跃着的书人，他录及的书事几乎全是当今中国有品位的书界生动着的书事。龚明德说阿滢是一个真正的书爱家。而王稼句则更是就"书事"一体，从古到今，详征博引。他说阿滢的"书事"弥漫在他的周围，无时不有，无处不在，丰富多彩，充满情趣。罗文华也说："在泰山脚下修炼多年的阿滢兄，是当今卓有成就的作家、学者、藏书家，更是现今书话界的名家高手。"说不尽的阿滢，说不尽的书香。在艰难困苦中，阿滢历经坎坷，像泰山一样挺拔，宁折不弯。

关于什么是书话，他在长期的写作实践中有自己的一家之言。他说："书话在引导人们读书，激发人们的读书兴趣起到了积极作用。在报纸上看到了一些书话应该怎么写的讨论文章，也有痛心疾首者批评书话界所存在的急功近利现象，还有人误把书评当作书话。书话写作不应该有什么定法，只要是关于书的话题，想怎么写就怎么写，无拘无束才行。"他说书话的关键是有趣味，能引起读者的阅读兴趣。

成玉曰：虽然我来也迟，但阿滢先生却不"嫌贫爱富"，不仅多次惠赠大著，而且还为我"排忧解难"。由于我对当代读书人多有疏隔，在写作"点将录"时常向他请教，当我误把徐明祥和自牧当一人时，他及时回复说他们不是一个人，是两位闻名全国的书林高手，于是为我牵线搭桥，求得两位先生的签名本，为"点将录"增色矣。他还邀请我到秋缘斋作客，虽不能至，心向往之也。

诗云：书林一枝秋缘斋，泰山书声传四海。相逢趣说阿滢事，篇篇文章惹人爱。

七十七　地乐星铁叫子乐和·冯传友

　　也许是阴差阳错，也许是歪打正着，也许什么都不是，而是一种渐进的自然过程，我们的冯传友先生在不经意中出版了一本《吃情岁月》。阴山老饕，名副其实也。一个读书人，出版的第一本书竟是如此灿烂，怪不得好评如潮，引无数吃客竞折腰，道在"吃"中矣。一个痴迷于书而又不忘"吃情岁月"的人，大约乃是至性全情的人吧。记得很早就看到他在报上开专栏写"我收藏的书话书"系列，对那些经典书话有自己很高的品味。更值得一提的，则是他编辑的《包商时报》中的"包商书声"，那又是一番大地。老饕、书痴、名编辑，三而一，一而三，这也许就是冯传友先生的本色。能兼此而三者，亦稀矣。

黄岳年《名家云集的〈包商时报〉》说："《包商时报》的副刊品位在许多方面都快要超过许多大报了。这是由于作者多为名家。就名家的密集度而言，差堪相比的怕只有《人民日报》的副刊'大地'，《文汇报》的'笔会'等少数几家了。《包商时报》的副刊作者，多是学富五车的饱学之士，为响当当的学者。换言之，这些人也就是中国文化在当代应珍惜者。"在细数了这些作者的特色和影响后，黄岳年说，提到其中的任何一位都会让人心动。"打开这份报纸，读着它，悸动和心仪的情愫，会成为恒久的文化因子。这时候的想法往往就剩下一个了，那就是珍藏。"黄岳年说得好，这就是《包商时报》的魅力。

成玉曰：一家企业的内刊，在冯传友手上能办得这样有特色，风靡读书界，真是难能可贵。非书痴莫办也。我与冯传友先生至今未曾谋面，但他似乎对我有一种特别的感情。这倒不是说他经常刊发拙文，而是我们的某些共同的经历在读书中相逢，他特别关心那些民间读书人。当他得知我在写作《书话点将录》时，在不知我能不能写得下去或写得好不好的情况下，一下子就答应拙稿在《包商时报》上首发连载。本来是一时之感，又因其为"游戏"之作，没想到他这样认真热情，真是受宠若惊，令人感念不已也。我常常想，一个好的编辑到底是什么样，看到他编辑的《包商时报》，似乎略有所悟。就报刊编辑来说，一是名家云集的密度；二是笔墨当随时代;三是发现了多少新人。此三者,愚以为冯传友先生兼而得之,有容乃大也。

诗云:包商书声传佳话,老饕原来是作家。大肚能容天下事,腹有诗书气自华。

七十八　地捷星花项虎龚旺·徐明祥

"海右此亭古，济南多名士"，徐明祥先生乃读书界之真名士也。其《听雨集》《书脉集》《潜庐读书记》《潜庐藏书纪事》，既得古人藏书题跋之风，又得唐弢书话三昧。著名老作家峻青序《潜庐读书记》诗云："历下多名士，潜庐远嚣尘。书话开新面，健笔势凌云。"伍立杨说："潜庐大境界。不读不知道，读了吓一跳，原来徐明祥先生书友遍天下，文章惊海内也。"

早在一九九七年徐明祥第一本书《听雨集》中，就出手不凡地有赵丽宏、秋禾、王稼句为之作序。秋禾说我们都认同"书话主人"唐弢先生对我们的深刻影响。"而明祥书友的'潜庐书话'则在开篇文章中安排《唐弢〈晦庵书话〉琐话》一文,谈其同《晦庵书话》的结缘心路,而共同归结为对先生'书话'论和写作方法的服膺。"秋禾说徐明祥的书话有一个显著的特点,就是善于调配闲笔闲话来渲染作品的主题,同时文章写得很精细。王稼句说徐明祥的书话自有家数:"一是读书有思考,不是人云亦云,甚至反其道以行之,这需要有点胆识;二是谈书每每从小处入眼,且就此铺就开去,所谈也就并非是小了;三是文章有骨子,写来也有自家的笔路,很认真,也很从容,且时有掣胜之笔。"

在《潜庐藏书纪事》中,徐明祥更是引来了来新夏、锺叔河、张阿泉的大序。来新夏说此书无疑当是"书话"的一种,还说这本书的写法丰富了书话的内涵。而锺叔河更是追溯书话的起源,从周作人《夜读抄·颜氏家训》说起,特别还抄了几段《放翁题跋》。颇值玩味的是,他在几个版本的《知堂书话·序》中都没有提到唐弢的书话,却在这里摆出了唐氏的"四个一点"。他说:"以上作品(指放翁题跋),不知比唐弢如何?我并不薄唐弢之文,也相信他无意以自己的《书话》'为天下法',但即以'一点事实,一点掌故,一点抒情气息'定范围,一千四年多年前颜之推和八百年前陆游的这些文字,至少总是可以入围的吧。当然,如果有人硬要说,颜陆当时并未自称书话呀,那我也没办法,因为我从来就没有勇气也没有兴趣与人争辩的。"锺叔河先生的这一席话,真所谓"奇文共欣赏"也。

那么,徐明祥对书话的内涵又是怎样理解的呢?他在答《书脉周刊》记者问时说:"书话有广义、狭义之分,我倾向于广义的书话。擅长考证的,可以写;有古本珍版的,可以写;

但是不擅长考证，家中无善本秘籍的，也可以写，侧重点不同就是了。书话不能走入象牙之塔，也不是专家、学者的专利，它对于慰藉爱书人的心灵以及引导大众读书，营造书香社会具有不可忽视的作用。姜德明先生说得好：'……书话本来就内容宽广，可以无所不谈，不必强求统一。'"

成玉曰：初识徐明祥先生，乃因写作《书话点将录》得阿滢之助。今读其书，相识恨晚也。

诗云：坐拥书城听雨声，留得书脉远嚣尘。潜庐不潜大境界，藏书纪事天下闻。

七十九　地速星中箭虎丁得孙·自牧

在今天的读书界，自牧先生向有"及时雨"之称，"好人自牧"也。其读书之斋名有"百味斋""淡庐""澈堂""存素簃"等，其"味"，其"淡"，有"大味必淡，大音必稀"之意。"澈"乃清澈透明也。自牧读书写作以书信、日记、序跋最为人称颂，三而一，一而三，得古人文章之精髓。特别是"淡庐序跋"，有苏（轼）黄（庭坚）之风，凡书林人物，一经品题，妙趣横生，非翻海才、射雕手莫办也。

来新夏序《自然集》说："自牧，鲁中一名士，能文好书法，是山东一位颇具声名的专业或业余作家。……自牧其人，颇有'马上杀敌，下马草露布'之好汉气概。下笔千言，信马由缰,自成格局,故年有积累。"自牧不仅著作颇丰,还与古农一起编辑《日记报》(后名为《日记杂志》),朋友遍天下。谷林《致自牧》(《宽尚集》)说:"兄精力过人,刻晷未暇,从未稍见懈怠倦之态,悠游自如,处事接物,无不片言解纷,有羽扇纶巾之致……"真名士也。龚明德序《淡墨集》说,我如果有幸到了济南,第一件事就是去造访淡庐,他是一个安安静静的读书人。而王稼句则引王昌龄诗"漫说陶潜篱下醉,何曾得见此风流"(《疏篱集·序》)。他说自牧身处篱下自有潇洒和散淡,也自有舒展情感的天地。自牧在此书后的小跋中又引古诗"独立疏篱趣无穷"。"闻道柴桑景最幽,晚凉清兴到林丘"。他说:"我虽然没有五彩笔,却也想'染出东篱片片秋',故也就有这册简杂疏薄的《疏篱集》。"

最有趣的是冯传友那篇《感谢"好人自牧"》,他忆及当年自牧在火车站接他那一种"他乡遇故知"的感人一幕说:"在山东,在读书界,有这样一句形容自牧的话叫'好人自牧'。这句话,虽然质朴无华,但却道出了全国各地读书人的心里话,我是从内心深深认同的。"

成玉曰: 由于我孤陋寡闻,更由于我才浅学薄,对自牧先生这样一位在读书界很有成就的人物竟然几无所知。偶因写作"点将录"想到他,又不知所措,于是向阿滢先生求助。后来收到自牧寄来的一大包书,珠玉在前,我连一句受之有愧的话都不敢说了。读他的书,特别是他的序跋,其中《〈日记杂志·半月日谱〉跋》(37·38)等,写了那么多的书林人物，有一种"书林点将录"的特色。新书迟读，我受益匪浅也。

诗云： 淡庐篱下几春秋，好人自牧真风流。江湖人称及时雨，布衣精神播九州。

八十　地镇星小遮拦穆春·袁滨

　　读书界藏龙卧虎者多矣，山东周村的袁滨先生乃其高手之一，他的"盈水轩"在读书人中享有很高的声誉。其书话随笔《草云集》《盈水集》以及《盈水轩读书记》等，淡泊宁静，远离俗尘。盈盈一水，澄明照人。诗文境界，古风犹存。齐鲁乃孔孟之乡，泰山为五岳之首，多豪杰伟岸之士也。

　　龚明德先生在《盈水集》的序文《袁滨精致阅读的构成》中说："在这部随笔文集中，从头至尾，找不到袁滨紧锁眉头急匆匆地为赶写'职称论文'去查找书刊或者替单位领导写总结报告而费心苦读材料的记录。然而，在为数绝非个别的'享受国务院津贴'的所谓'国家级专家'和'国家一级作家'的叙述个人读写的文字中,以得意炫耀渲染,这类浅俗阅读者却屡见不鲜。"诚哉斯言也。这就是民间读书人的高贵之处。怪不得一向高标独举的止庵先生在本书序中说:"我所谓的'好书',无非是值得一读而已。因为要读过才知道,那么就是不悔一读。要而言之,内容上求一'新'字,道理上求一'通'字,文字上求一'达'字。无拘历史、传记、哲学、随笔,均如是。炒冷饭,不讲理,文不从字不顺,恕我敬谢不敏。……这里说的'好书',大概接近于'经典',不过需要略作解释,第一,经典很多,虽然值得读,就个人而言,却未必需要读。读与不读,还看自家口味。第二,说到'经典'既指一类书,也指一种眼光,一本书成为经典,有待时间考验,我们却无须坐等,有这种眼光鉴别就行。"在这个意义上,袁滨的书,虽然不是"经典",但至少是一本好书,一本益人心智的好书。

他在《残笺断章》中说:"一切的书人书事,所有的轻松、恬淡、自然的书的话题,都可归为书话的范畴,书话拒绝正襟危坐的说教,不欢迎故弄玄虚的评论,更应该远离喧闹的市场炒作,我心目中的书话,是纯净的,典雅的,也是知识的,温和的。写书话需要一种透明的心态,一种执着于书的情愫,如同面对知心朋友,有一种急切想表达的淋漓快感……"

成玉曰:虽然与袁滨先生相识恨晚,但承他厚爱,得大著数种。他说小书供我一哂,其实我是受益匪浅。书话是一种很纯净很高贵很有趣味的文体,今读其书,越来越相信这种文体,非读书种子莫办也。

诗云:盈盈一水读书轩,远离浊世自求闲。笔写当代多情趣,管它经典不经典。

八十一　地秏星操刀鬼曹正·黄成勇

说到黄成勇先生，首先想到的是他当年在十堰创办的《书友》读书报。遥想当年，何其盛也。黄成勇是一个爱书人，《书友》是读书人的朋友。他诚邀全国大家名家在上面开专栏、说读书，例如谷林、锺叔河、龚明德等，一时传为佳话。他喜欢读书，写了一本《沐浴书香》，深得读书人的好评。这本书记录了他与大家名人的交往以及"书话谈片"的读书心得。至少在书话研究的意义上，他是一个先行者。

他在《沐浴书香》（海南出版社，一九九六年十二月版）的小引中说："书话古已有之，它包容的范围，可说很广，举凡序跋、读书札记、校读记、题记、前言、后记、书评等，莫不可归入书话的'辖区'。……新书话兼有上述体裁的基本要素，杂糅版本学、目录学以及有关书和书的作者、刻家、藏家的逸闻趣事，敷演而成，历经数代作家的努力，方才形成自己的特色。在当代，不论是书话作家还是书话作品，都可称大观（愚见简直应该建立一门书话学）。"他还就书话学提出了自己的一家之言，他说："书的内容，书的掌故，书的遭遇，书的作者和书的影响，甚至于书的生产工艺，构成了书话的知识内涵。书话作家与书、与作者、与读者的独特际遇以及它的新颖观点，独到见解，多彩的风格和多样的手法，构成了书话的艺术特色。"

成玉曰：黄成勇先生上述一席话，似乎可以说是书话研究的一个新起点，特别是他说应该建立一门书话学。虽然这句话是用括号的形式说出来的，似乎有点不自信，但这种探讨的精神难能可贵。近二十年了，所谓书话学，大约还是如梦如幻，而他也是宝山空回，没有在这方面展开深入地研究和著述。我与黄君有过一面之缘，那是他闻知拙著《书话史随札》出版后，说想要一本。念及爱书人对书的追求，又想到我过去曾在他主办的《书友》上发表过几篇小文，就答应送他两本（另一本是他提出要送给我省某位出版界的风云人物）。他也回赠了一本《幸会幸会　久仰久仰》。他来武汉后，又办了一个《崇文》的读书民刊，只是我们劳燕分飞，没有时间"幸会"。《书友》休刊后，《崇文》也不见了。都说惟楚有材，都说楚材晋用，其实误用其才者亦多矣。每念及此,又想到"读书而不仕",总有一种说不出的惆怅。命乎?运乎!我不知道也。

诗云:沐浴书香说书话,久仰幸会皆大家。曾经一梦书话学,宝山空回望天涯。

八十二　地魔星云里金刚宋万·俞晓群

沧海横流，俞晓群先生以其独特的出版理念闯荡出版界，从"书趣文丛"到"新世纪万有文库"以及今天海豚出版社的"系列丛书"，见证了我们这个时代的出版变迁，恰逢其时也。不仅如此，就其个人来说，从出版家到作家，一路下来，著作颇丰。妙笔生花，令人惊叹。他爱书爱出版爱读书人，当代无出其右。如果说张元济、王云五、陈原等是中国出版界的骄傲，今天的俞晓群也当之无愧。

这几年，他开专栏，写博客，写出版书话，最是迷人。毛尖评《万象》说："《万象》一直坚持讲故事，不讲道理；讲迷信，不讲科学；讲趣味，不讲学术；讲感情，不讲理智；讲狐狸，不讲刺猬；讲潘金莲，不讲武大郎；讲党史里的玫瑰花，不讲玫瑰花的觉悟……"听到这句话，俞晓群说："奶奶奶奶奶奶的，这话说的，正如王子乔翻译《巧克力兔》时写道，我'惊呆呆呆了'。我一个理科出身，我一个书商身份，我一个文字票友，我一个《万象》的甩手掌柜，我一个主编几年《万象》都不知道它好在哪里的人……这小女子寥寥数语，就一掌击中《万象》痛处，实在太犀利了！沈公啊，您当初办刊的狼子野心总算没白费，您那遮遮掩掩的政治伎俩总算白费了。毛尖运用 P2P 的武器，一语就把您的法宝道破了！你说，此时我哪还有半分妒忌的底气？"

关于出版和好编辑，俞晓群最佩服沈昌文，从他那里似乎学了不少的真功夫，他说："沈昌文先生有一段话说得好，我引来为证：他说好编辑要'以博为主，以专为辅'，专家不要来当编辑，当了编辑不要再想'成家'；他说编辑是小知识分子，作者是大知识分子，书稿乱改不得，服务为上，有一点'奴才精神'也未尝不可；他说编辑写文章最忌'应该'二字，我们本没有'说教'的资格；他说一个好编辑不是学问有多大，而是手中的好作者有多少；他说编辑不是个人行为，需要'帮手'，帮手不必都是高手，而需要上、中、下三手，做起事来才游刃有余；他还说了许多广为流传的'佳话'，像谈情说爱、贪污盗窃、不三不四之类，都是灰色化的'为编之道'。关于编书的技术，他说编书最忌'先入为主'，不要给作者划框子、定调子，不要越俎代庖、外行领导内行；组织丛书、套书，总题目最好宽泛些，平淡些，像'读书文丛''生活译丛'等，作者、编者都自由，这样的选题才会绵延不断，有生命力；编书不要过于追求形式上的整齐划一，要搞'菜篮子工程'，各种菜都要有，在无序和杂乱中体现出某种精神；编书不要过于追逐主流，正像主食与副食一样，桌面上主食管温饱，副食管'繁荣'；组稿有时不是在'组书'，而是在'组人'，要有点长远打算。"

成玉曰：记得当年买"书趣文丛"和"新世纪万有文库"等书，真是爱不释手。就一个普通读书人来说，我万万没有想到还能读到沉封已久，特别是民国时期那些大家名作，陶醉其中，不知今夕何夕。近几年来，俞晓群先生那一支健笔，谈出版、忆旧人、说新闻、讲故事，妙趣横生，拍案惊奇。腾挪趋避，亦庄亦谐。书生气江湖气浑然一体，相得益彰；京派海派草根派共享盛宴，济济一堂。出版与书话，原是一家也。

诗云：独上高楼望天涯，晓群出书惊天下。恰逢其时显身手，英雄原来是一家。

八十三　地妖星摸着天杜迁·朱晓剑

在当代民间读书人中，朱晓剑先生以自己独特的"书式生活"笑傲文坛。其读书之多，著作之勤，是著名的书评人和专栏作家。他参与编辑的《天涯读书周刊》，被读者誉为民间读书电子杂志第一刊。不仅如此，特别是他主编的那一套"读书风景文丛"（四川天地出版社，二〇一二年五月版），以独特的眼光，一次推出十八位民间高手的书话随笔，展示了当今读书界新一代最亮丽的风景。长江后浪推前浪，不薄旧人爱新人。其规模之大，来势汹猛，至少在推动民间读书的意义上，较之"书趣文丛"，有过之而无不及也。

关于书话，朱晓剑先生有自己的看法，甚至构想要有一门书话学。他在《书话学的构想》中说："不管是大书话还是小书话，都不是书话学的重点所在。而书话的核可以借用《读库》的'三有':有趣、有料、有种,简而言之,既是书的闲话,也关涉书的掌故、趣闻,甚至关涉书衣、书腰、装帧等等,但这都是独家的'秘籍',太泛滥的话,可能就失掉了书话本身应具有的情趣了。纵观对书话的研究,偶然有人提出书话学的概念,但还没有系统对此进行专项研究,泛泛而谈多矣。但随着书话的繁荣,书话学也似乎有建立之必要,虽然这项工作很小众,但其价值所涉及的包含文献学、版本学、书话史等科目,实在是大有学问可做。"

别有趣味的是,在此文的评论中,刘德水说:"酒好即可,要什么标签!一贴而成商品了。"接下来胡洪侠也跟着说:"大可不必搞什么'书话学'。一成'学',必无趣,例子多多。"还是虎闱先生说得好:"书话有广义狭义之分,狭义的书话应以唐弢所下定义为准。"然而,"学"乃无趣乎?

成玉曰:我曾写过一部《书话学引论》的初稿,大约有五万字,就书话的概念和定义以及写作、阅读等进行了某些探讨,但后来发现当代书话在发展和变化中又出现了很多有趣的现象,看来只有再重新改写了。好在自己并不是专业学者,也没有什么课题项目之类的紧迫感。当然,如果有兴趣,也是可以写下去的,只是这一家之言,恐怕不能登大雅之堂。我希望我们的那些专家学者都来关心书话,像朱晓剑先生一样能够展开自己的讨论。也许只有到了那个时候,一部"书话学"就会呼之欲出也。

诗云:仗剑天涯处处家,书式生活看天下。闲言碎语多趣味,天天见面人人夸。

八十四　地幽星病大虫薛永·萧文立

　　萧文立先生是著名的学者兼诗人，著作有《朴斋文初集》（中国文化教育出版社，二〇〇九年三月版）。其独立不羁的个性，有一种高迈之风，并世无多也。他师从罗继祖先生问学十数载，业余研究罗振玉先生及家族，成果累累。对书话，他有自己独到的见解，奇文共赏也。

　　他在《书话三分一家春》中说："今日盛行的书话，大抵可分三家。唐弢姜德明一家，专写所谓新文学作品，一祖一宗，即为顶峰。唐弢开山立派，文笔雅洁，姜德明则长期孤军奋战，内容扎实，文笔也还在水平线上，因而影响深远。此二公，若以江西诗派作比，唐是杜而姜则是黄。此派今日独大，畸形繁荣，应者云集，自居所谓读书界，而徒有虚名，羌无实际，大抵搜集旧书（此所谓旧书，特指民国时期新文学作品，而近来题材干涸，扩大到民国所出一切出版物），杂抄词典，摭拾故事，扯房传闻，敷衍成篇，以为是出名捷径，人人可为，而实则等诸自郐，几无一可存，虽然谢其章梁永足以继之，但总体实远不敌旧日所谓掌故家的笔记（书话），略同于西方概念之抒情散文，或今日时兴不知所谓之文化散文。是所谓书话家的书话，本无质量，更乏神思翰藻，每味同嚼蜡，最是无用，是为下乘，我深不喜。知堂黄裳一家，学思并重，文质双美，人书俱老，最为上乘，不独给人故实，予人享受，且能启人深思，一举而三善在焉。是为思想家的书话，戛戛独创，出乎蓝而实胜于蓝，我最喜读。然而环视当今，不独思想与文章，就是关于书与人的掌故与学问，又安有一家堪与比肩？嗣响乏人，花果飘零。沈津一家，以学为主，专注古籍，与传统旧学提要书跋藏书记血脉最为相接，足称嫡胤，是为学问家的书话，开人眼界，广我见闻，最有功效，也最需工夫，故步武不易。我所知者，寥寥无几，足观者当老蠹鱼（沈津先生）一人而已。虽厚重少文，文章修养尚不敌周容两公，但质实朴茂，每读一篇，都得新知，实为有用，对研究古籍者来说，并非膏梁鱼肉人参燕窝，而是布帛粟黍，须臾不可离。食之既久，体格定为日渐健壮，不像空头书话那样使人容易营养不良浮肿虚胖。"

成玉曰：承萧文立先生厚爱，寄赠《朴斋文初集》。我曾作诗云："敢继罗学事竟成，笔挟风雷动乾坤。遍搜雪堂兴绝学，亲聆鲠翁传诗魂。介堂乱弹多正俗，竹斋闲读常有恨。匡谬斥盲壮山河，我是千年读书人。"又，和萧文立诗一首："落花无赖又看星，欲饮乌龙无需停。屋梁虽坏剩有饼，木榻几换还投瓶。窗前春山多古意，纸上风云少血腥。伏案青灯照典籍，天下谁人不倾听。"

萧文立先生回复说："成玉先生，非常感谢，也非常惶恐，拙诗虫吟而已，哪里敢有'天下谁人不倾听'之妄，且文立得罪小人颇多，恐怕连累先生，使贵博客从此多事，则岂非文立之罪乎。虽然文立希望'纸上风云少血腥'，但唯恐不能耳。大作'窗前春山多古意'甚佳，诗如其人，文立顿白。"又，他在《得〈书事六记〉赠作者》云："呕心沥血几经年。茹苦含辛志更虔。寄语南天漂泊客。读书种子别鲜妍。"

诗云： 书话三分谁家春，万紫千红费沉吟。看取故事多趣味，说与读者仔细听。

八十五　地伏星金眼彪施恩·崔文川

　　关中自古多豪杰，崔文川先生是著名的艺术家，其买书藏书以及藏书票、火花等收藏之富，有目共睹。文川书坊，闻名天下。特别是近几年来，他为许多读书人制作的藏书票和书笺，不胫而走，广为流传，打开了读书人读书藏书的一个新天地，同时也给书话的写作带来了无限乐趣。可读可赏，可玩可藏也。

　　史飞翔说："文川先生是国内知名的书籍装帧设计家、藏书票专家，长期游走在读书、书画、火花以及藏书票等多个文化艺术圈子，但他却时常笑着说：'我到每个圈子门口只是撩开门帘看一下，并不进去。'文川先生精于书道，他设计的藏书票素朴典雅，'有一股民国气和版画气'，是一种'雅逸的做派'（理洵语）。文川先生与五十多个国家的近百位收藏大家建立了友好联系,其中不乏当今书界那些广为人知的名流、宿老。但他为人谦虚、处事低调。遇到别人赞扬,总是淡淡一句——'瞎玩哩。'"(《书痴崔文川》)这一个"玩"字,太有意思了。在某种意义上或者说在当下的读书环境中,有趣味的东西才有人玩,玩的就是一种趣味。崔文川玩书、玩火花、玩书笺、玩藏书票等,玩出了自己的水平,玩出了一种境界,不可多得也。不仅如此,他还编辑大型丛刊《艺文志》。在"考镜源流,辨章学术"之外,他们以地方乡邦文献为主,兼容并包,博采众长,大力宏扬传统文化,有史料,有掌故,有发现,有感悟,其"儒林传""诗书话""风雅颂"等,最具中国特色,最能体现民风民俗的传统文化。

成玉曰:偶然在网上与崔文川先生相遇,看到他制作的藏书票很迷人,也不知我当时说了一些什么话,他说要给我设计制作一枚藏书票,真是受宠若惊,果然古色古香的《王成玉藏本》就到了我的手中。记得拙著《书话史随札》出版后,周翼南先生为我画了一幅《出书图》,与崔文川的这枚藏书票极为相似,看山、听雨、读书,宁静而致远也。近几年来,除寄赠《艺文志》,制作藏书票外,他还为我做了一套精致的《长安笺谱》之"武昌王成玉印笺"。一寸二寸之纸,得书画之妙;七行八行之笺,有朴拙之趣。文川先生艺文双修,名满天下。长安笺谱,风靡书界。乃士林之荣光,文苑之佳话也。

诗云:世上几人崔文川,长安笺谱争相传。艺文双修有境界,大珠小珠落玉盘。

八十六　地僻星打虎将李忠·韦泱

十里洋场，沪上书声。京派海派，争"香"夺艳。韦泱先生乃书话名家，著有《人与书渐已老》《跟韦泱淘书去》《纸墨寿于金石》《旧书的底蕴》等。亭亭玉立，迎风招展，是当今读书界的一面旗帜。在上海，跟韦泱淘书去，已成为今日读书人的一种骄傲，心向往之也。

薛冰序《旧书的底蕴》说，这个书名，我也很喜欢。旧书的底蕴固然是一个客观的存在，可是借旧书而写成的书话，映现出的，就不止是旧书的底蕴，而更有作者的底蕴了。"写作书话，是一种刺刀见红的作业，无从藏拙，最易被人窥破作者的阅读视野和学识根基。"薛冰说："韦泱先生不满于当今书话文体的被泛化，所以在新著中，对于这一文体界定，也提出了自己的新见解。"韦泱在《书话须有一点新意》中说："一直以来，现代书话写作先贤之一唐弢先生的'四个一点'，被认为是经典之论。而我以为唐弢的观点只是一家之言，不能成为清规戒律，书话的内涵应随时代发展而不断得到丰富。我认为，对书话文体的理解，不能过于宽泛，应该有一个相对狭义的范畴。我的理解是，书话应是关涉书或书人，融史料性、知识性于一体的随笔。"

于是，韦泱从四个方面阐述了自己的观点。第一，"用随笔的形式来写书话，就区分了书话与书评的不同，随笔是一种感性的笔调，带有文学趣味的文字。"第二，"从内容上说，书话无论写人或写事，应该渗透历史意识，有一定史料价值的事实，有一定历史纵深感的掌故。"第三，"如果仅仅是史料的钩沉与罗列，亦不能形成书话文体，诚如唐弢先生所说的，要有'一点观点'，而这一点往往被书话写作者所忽略。"第四，"既然作为随笔体裁的书话，写作可以不拘一格，能不能有'一点抒情'，我以为大可不必。……我理解，'一点抒情'应该是具有温馨的人文精神和历史情怀，对传统文化的深深挚爱。将这样的感情，通过史料的阐述，不经意地蕴含在字里行间。优秀的书话文章，读者看不到作者一星半点的抒情句子，却能体味作者高超的写作水平，这才是高手。可以说，书话是一种'反抒情'文体。"以上所述，虽为一家之言，特别是末后一段，最为人激赏，也是他的过人之处。

成玉曰：我读书话以及关于书话论述的文字亦多矣，韦泱先生以自己"旧书的底蕴"，对书话有独到的见识，难能可贵。

他在给我的信中说:"成玉先生,祝好!克希兄嘱我给您寄书,实在不好意思出手,留个纪念吧。常见大作刊出,勤勉之玉,甚为钦佩!有机会来上海一玩耳!"

诗云:跟着韦泱去淘书,闲逛文庙有奇遇。冷摊负手去又来,再续阿英访书记。

八十七　地空星小霸王周通·虎闱

虎闱先生乃陈克希也，又名"旧书鬼"，著有《旧书鬼闲话》《旧书鬼闲事》。他说我好将"旧书鬼"用在书名中，仅因旧时从我这业当赖以生存者，俗称旧书鬼。好一个"旧书鬼"，"鬼"即贵也。因书而贵，虎闱先生与旧书打了一辈子交道，坐镇上海古籍书店旧书收购部。凡旧书旧期刊等，一经过眼，如数家珍，是我们读书界的贵人。在业界有旧书鉴定"老法师"之称。

由于长期埋头故纸堆，其文所写皆稀见之第一手资料，对书话有独到的见解。他在《反观书话》(《旧书鬼闲事》)中说，当代书话兵分三路。一是姜德明："他为人堂堂正正，撰写书话不折不扣遵守唐弢提出的书话定义，且坚决不用《新文学史料》之类的第二手材料,以散文形式写就。"二是朱金顺:"他满身学究气,书话颇具学术性,探其原因,朱先生已将清代对古籍的考据之法,合理运用到现代书话之中。"三是陈子善:"其书话融学术性和可读性于一炉,自成一家。"虎闱说:"此三路书话家的共性是坚守用第一手资料落笔做文的底线。其他频频显山露水的高手,均可分别归于上述。"

有了这样的书话观,当然对今日之书话泛滥有自己的看法。他说很多书话用第二手、第三手现成材料拼凑而成,"让人费解的是,这档子书话眼下仍有人乐此不疲。更有甚者,一些读书人见书话如日中天,便将自家平日里写过的与书相关之文章聚集成册冠以书话。其中内容通常仅与书籍有关,如书迷间往来、淘书之乐、拜访老先生、书人们的互相通信、替书友新作捧场、读书会议报道、淘书目录清单……然而前者虽质量低下,但尚属于书话范围,仍可蒙骗对现代文学初步产生好奇者。后者尽管水准再高,亦难进入书话之列,充其量只能称作广义的书话。"他的这些话,真是一针见血,气象不凡也。

成玉曰:久闻虎闱先生大名,偶然在网上相遇,互问平安,书友之情也。今日因写作"点将录"向他请教,他不仅惠赠大著,还帮我联系他的沪上好友韦泱和李福眠两位先生。承他们的厚爱,又是赠书,又是来信鼓励,我受之有愧而又难以言表也。

诗云:沪上名人旧书鬼,传承古业放光辉。摸爬滚打闻书香,蠹鱼生涯终不悔。

八十八　地孤星金钱豹子汤隆·李福眠

当书话与读书随笔与书评含混不清，当书事日记与大书话与时俱进一路向好之际，读沪上名家李福眠先生的《疏林陈叶》（山东画报出版社，二〇〇七年三月版），别是一番滋味。自《晦庵书话》以来，各种书话在发展和变化中令人眼花缭乱。作者在本书中并没有打出书话的旗号，但其写作，乃继承了《晦庵书话》那"四个一点"的传统，这在今日书话写作中最是难能可贵，亦最能体现书话的真精神。然而，"古调虽自爱，今人多不弹"也。

李福眠先生说："偶然阅读，蒙于中学语文课本，后爱金石书画，渐悟作词赋诗，乃操刀染翰者之必修与陶冶。所淘晚清、民国版木刻、石印线装诗集，并非为此为敲门砖，而是我喜之笔记、草木鸟兽、尺牍、日记、题跋诸杂七杂八边缘散稿，极难一遇。各版诗集，却如石可检，这也可窥见民国与共前，社会读书风尚，人们素养之一斑。再则，诗集之眉批、墨鉴、钤印、朱墨灿烂，蕴含着原著藏者之性情、学识、雅趣、况味诸信息。前贤之笔墨纵横，疏林箪瓢生涯，今之视昔，总令人心向往之。"有这样的"心向往之"，本书实实在在是一部淘书记。"为书林边缘一布衣书虫，自朝气少年迄天命之间，由购书淘书，历睹书林页页骀荡藉华之陈事（《自序》）。"所谓"疏林与书林同音，陈叶乃书林旧事"也。

他说："我十分怀念六十年代初期的古籍书店。那时，古籍书店店堂高旷，也无如时下春运之多。阳光透过明窗，光柱温煦静谧地斜射着四壁书架和周围书柜，店中似裱画的大长桌上，略微散乱地叠放着民国石印或珂罗版碑帖、书画册。几把旧而锃亮的栗色中式椅子，围桌而摆，供读者闲闲之阅。男女老幼，钱多钱少的读者都能在此获得足具其史料性、趣味性，亦即思想性，有益终生的书香。"这样的回忆，如今怕也是恍如隔世了吧？书中还记录了虎闱写他的一段传神写照，以及他在买书中与虎闱相遇并结成好友的传奇故事。

成玉曰：*得虎闱之助，获李福眠先生寄赠的大著《疏林陈叶》，特别有趣的是，本书钤有"疏林樵子""了无痕""李福眠淘得"等三十二枚印章。或大或小、或圆或方，或朱印、或*

白文，体制不一，琳琅满目。我不谙此道，但与书中插图和文字相映成趣，爱不释手。此举颇有古人书画题跋之一跋再跋，一印又印之遗风，乃藏书之瑰宝也。

诗云：疏林樵子李福眠，海上撰笔继前贤。不薄今人爱古调，临川之笔照文苑。

八十九　地全星鬼脸儿杜兴·周立民

周立民先生是一个文学评论家，也是一位颇有成就的巴金研究者。但仅此并不为奇，评论家多矣。奇就奇在他不但有很深的理论造诣，其评论直指人心，而且爱黄裳爱董桥喜欢书话。他的文章没有时下评论家的那种学院气，而是很讲究文体，打通各种文体的界限，将书评书话融为一体，既有评论家的理论修养，又有读书说书的趣味。特别是敢于直面现实讲真话，难能可贵也。

有人说，当代文学批评有三分天下，学院、媒体和作协。周立民认为，这三家，作协近官，媒体近商，学院近迂。学院批评的所有优点和缺点都集中在那个现在被称作"论文"的东西上，论文是使当代文学批评失去活力、活气的样板周立民喜欢读黄裳董桥等人的散文，他说："当代散文中，能够举重若轻、自由驾驭文字的往往是老当益壮的老作家，比如黄裳、锺叔河、流沙河、黄永玉等人，总有一天，所谓当下的文坛会为忽略他们的创作而懊悔不已，因为恰恰这些老人，继往开来，为当代散文创作开出新的境界。……还有董桥，他年年有散文随笔集出版，是中西结合的典型小品。这些文字是锤炼后的平白，那是用心'作'出来的文字，更何况文字后有文人雅好、趣味、风情，这是炖了好久的清水白菜，是更高一个层次上的讲究。"

　　关于书话，他在《书话？且慢！——〈燕城杂记〉余思》中说："今之'书话'集不是说汗牛充栋，至少也是汗羊充栋了。有人随便买本什么书，都能滔滔万里洋洋洒洒来篇书话，然而一目十行读过我常觉寡淡无味，甚至称'鸡肋'都勉强。这个时候，我真想说，且慢，书话哪有那么容易写的？……且慢啊，首先，不是随便一本什么书都值得写书话，写文章讲究'选材要严'，而且书话的这个'材'也不能太滥，毕竟它不是图书介绍……哪怕不都是珍本，你也得有发现的眼光，说白了，大凡一篇文章，如果不提供一点新的史料来，那么也得从常见的材料中读出一点新意。"他说这就是书话的"底线"。

　　成玉曰：偶然与周立民先生在网上相遇，受益匪浅。文学评论与书话研究，乃属一家，遗憾的是，我们很多评论家对书话并不感兴趣，或许不能登大雅之堂，或许算不得一门学问，或许不能急功近利，况且这种研究还不能得奖，所以直到现在研究者寥寥无几。我写过一篇《文学评论与书话研究》,其实,如果说书话乃藏书家本色,那么,书话研究也应该是评论家的看家本领。周立民先生读董桥、爱黄裳、论书话,体现了一个评论家的宽广胸怀,有一种兼容并包的学者气象。

诗云: 立民读书爱黄裳,巴金研究谱新章。书评书话融一体,直面现实有担当。

九十　地短星出林龙邹渊·吴心海

中国现代文学研究在历经各种思潮和风浪后，人们越来越重视史料的发掘和研究，因此，近几年来，很多"文学史上的失踪者"一一被打捞出来，在"重写"和"改写"文学史中，有一种独特的魅力。吴心海先生这些年在收集整理他父亲吴奔星的遗著中，发现了大量的史料，撰写了一系列有价值的学术文章。特别是他的这本《文坛遗踪寻访录》（台湾秀威出版公司，二〇一三年七月版），一经出版，洛阳纸贵，求之不易也。

就现代文学书话来说，近几年来"史料派"的写作，最引人注目。由于书话至今没有一个较为统一的概念和定义，又因为书话在整体写作上越来越令人失望，于是"史料派"书话在挖掘整理上一展风采，独领风骚。一部中国现代文学史，迷离恍惚。在各种干扰和复杂的语境中，令人眼花缭乱。很多"失踪者"常常被人误读，在误读中又毫无理由地"失踪"，而一经打捞出来又错误百出。因时代的遮蔽而"失踪"，因误读又使"失踪者"面目不清，这个现象在今天或许因各种原因还会继续存在，至少在这个意义上，吴心海先生的这部书在"还原"历史真相的写作中给我们树立了一个很优秀的榜样。读这本书，勾起了我们对中国现代文学史的兴趣，在重写中国现代文学史的呼声中，这样的书太有用了。为了一个人，一本书，一些事，吴心海做了大量的工作。在钩存辑佚中，用各种方法包括写信、打电话、发邮件等，去搜集更多更广的资料。去粗取精，去伪存真。特别令人感佩的是，他不囿于成见和"定见"。在独家披露和独家见解中辨冤谤白，还原真相，硕果累累，成就不凡。

成玉曰：由于一个偶然的机会，我有幸与吴心海先生相识。恰在此时，他的《文坛遗踪寻访录》出版了。承他错爱，寄我一阅。我读后写了一篇《"失踪者"的"历史真相"》(《开卷》二〇一三年第十二期)，吴心海先生是业外人士，但他承其父志，在研究中独辟蹊径，硕果累累。我曾写过一篇《与吴心海先生书》，文曰："心海先生，在素不相识中，我们因书而遇，因书为友，何其幸也。我与南京是很有缘分的，我的第一本书就是在这里由徐雁、董宁文等编辑完成的,这里还有我景仰的《开卷》和很多读书的朋友。扬子江畔,秦淮河边,夫子庙前,都留过我的足迹,有过美好的回忆。同饮一江水,共做读书人。"

诗云:寻访遗踪谱新章,还原历史看真相。工笔重写文学史,江南一枝共欣赏。

九十一　地角星独角龙邹润·由国庆

故纸温暖，文苑英华。由国庆先生的老广告研究，独树一帜，以迷人的艺术魅力，收藏家的历史眼光，展现了旧时光的"活色生香"，还原了当时民俗风情，在收藏和研究中，使寻常的岁月有了不寻常的价值和意义。用罗文华先生的话来说，是十分好看。例如《老广告里的香艳格调》（上海远东出版社，二〇一二年三月第一版），乃"玉台新咏"也。

由国庆先生说："老广告不单是图片，它更是故事，而且这故事能成为丰富历史细节的'注脚'，连贯起来就是'昨天的日记'。我既关注老广告的画面美，又重视它所承载的商业文明的历史价值。"原来他收藏的是历史，是文化，更是百姓生活的"起居注"。读这本书，仿佛在女性的"衣着""美妆"

中徘徊流连，不禁想到过去的"香艳诗""花间词"。诗中有画，画中有诗。琵琶新曲，婉约风流。"金星与婺女争华，麝月与嫦娥竞爽。惊鸾冶袖，时飘韩掾之香；飞燕长裾，宜结陈王之佩。"（《玉台新咏》序）

这些"香艳格调"像诗一样随时光而成"范儿"，在争奇斗艳中尽显风流。当"香艳"成为一种格调引领时尚时，似乎标志着现代文明已进入一个新的审美空间。民国女性在"衣着""美妆"变化的趋新中，反映了时代的进步和追求美好生活的愿望。然而，曾几何时，烟消云散。今天，这些沉寂多年的老广告里的香艳情调，一经由国庆先生的挖掘和品题，又重放光芒。人们惊奇地发现，过去的时代竟有那么多迷人的广告。这些如此香艳的格调，大抵算得上民国时期的半部"更衣记"，一册"起居注"。翻阅这些老广告里的惊鸿照影，虽非沉鱼落雁之容，羞花闭月之貌，但却与日月同光，与天地争色，所谓海棠春睡，梨花带雨，任是无情也动人矣。

作者说："生活在现代都市中，我们不能不说怀旧也是一种时尚。往昔的许多细节都蕴藏着摩登，只要你留心，随处可见。在片片泛黄的故纸中，我时常会感到温暖，同时也想将这份感觉尽力传递给我的读者。不能不说，怀旧又是一种情怀，不仅是曾经艳美绚丽的时尚的回首，也是对未来生活方式的期待和追求。"董桥说，不曾怀旧的社会注定沉闷、堕落。没有文化乡愁的心井注定是一口枯井。故纸温暖，时光倒流，在历史的穿越中，古今人情，何其相似。"衣"领江山，风情万种。爱美之心，人皆有之矣。旗袍多情、女人"挺"美、丝袜美腿、泳装惊艳、美甲美容、脂粉飘香等,从闺中"玉女"到时尚"范儿",在羞涩与外露中,一步步还原了女性爱美的本色。眉印远山,唇凝春色。"美女经济",其来亦旧矣。

成玉曰:虽然我对老广告的收藏完全是空白,但读由国庆先生的这些文章很有兴趣。我也是在玩糖纸、玩洋画、玩烟标中长大的。现在还能够玩的,也许只有书了。

诗云:故纸温暖记旧时,花开花落两由之。香艳曾经照明月,都是人间绝妙词。

九十二　地囚星旱地忽律朱贵·康健

康健先生是一个普通的读书人，但他对日记的研究已达三十年，其成果累累出版了《清远集》《高远集》《名家谈日记》《流动的月亮河》以及主编了多种日记读物。所谓志存高远，心凝日记也。

自牧说："在当代中国日记及日记文学研究方面，有两个人我最佩服，一是上海学斋主人陈左高先生，一是京郊高远斋主人康健老弟。陈左高先生沉潜日记研究四十余载，成果丰硕，先后出版有《中国日记史略》《历代日记丛谈》《古代日记选注》和《晚清二十家日记辑录》等专著；康健老弟虽然刚过不惑之年，却已出版了《流动的月亮河》《名家谈日记》《读美文写日记》等多部以日记研究为特色的著作。一老不少，一南一北，陈老偏重钩沉古代日记，康健偏重以日记辅助教学，殊途同归，目标一致，从而构成了中国日记及日记文学研究的'双极'星座。"(《高远集·序》)

时至今日，很多读书人都喜欢读日记、写日记，特别是用日记来记载买书读书藏书等，被称为"书事日记"。虽然这种日记乃是"微阅读"，或者说用这种形式记下自己的读书心得，如果从中有所发现，或提出某些问题，必有可观也。康健的《高远斋日札》就真实记录了一个读书人的心路历程。他说："我只想教书，只想读书，只想写一点自己感兴趣的文字。对于那些'优秀'啊、职称啊、官职啊等等，我已看得很轻很淡。……读书人的心灵应该是澄明的，读书人的视野是高远的，但愿这种澄明高远的精神境界永存我心！"

成玉曰：那天收到他寄赠的四部大著中看到一幅用毛笔书写的洒金素笺，其文云："成玉兄：近好！兄的《书话点将录》，凡是能看到的，我都仔细拜读过了。信息密集，资料翔实，内容丰富，语言活泼，是一种独到的书人书话的写作形式，书香浓郁，余味悠长，可喜可贺！弟从一九八五年开始，利用业余时间研究'名人与日记'，匆匆已过近三十年，但成绩平平，令人惭愧！"我回复说："读先生大著四种，深为感动。平生所欣赏者，乃能以一己之力埋首某专题研究几十年如一日者，先生之日记研究，大有可观也。"

诗云：志存高远望天涯，日记书简是一家。百年云眼沧桑过，且看妙笔趣生花。

九十三　地藏星笑面虎朱富·彭林祥

在某种意义上，书话与新文学广告原为一家，广而告之也。书话要唤起读者爱书读书的兴趣，新文学广告则是书局、出版社为了行销的宣传文案。没有文学广告，新文学作品就难得到读者的关爱。然而长期以来，我们对新文学广告的研究几乎还是一片空白。彭林祥先生有感于此，在武汉大学读博时，就选择了新文学的广告研究，在《读书》《中国现代文学研究丛刊》《新文学史料》等，发表了多篇论文，后结集出版了《中国新文学广告研究》（台湾秀威出版公司，二〇一二年七月版）。

他说新文学广告，"从内容上看，它们贮存有新文学生产、销售、传播等方面的大量的历史资讯，隐含有大量的修改和版本变迁的史料，揭示了许多文学期刊的创办、发行过程的内幕，留下了文学运动、文艺斗争的痕迹，呈现了作家与编辑之间的关系，等等。就文本而言，其版式设计新颖，匠心独运，其广告词有许多精美的文章。不乏凝练、灵动、幽默和诗意，成为现代广告词写作的经典范本。"这一点，我们从上面周作人《苦竹杂记》的一例广告中，就可以看到新文学广告的迷人魅力，堪称"经典范本"也。

在这本引人入胜的书中，还有《借书评、书话来写书广告》一文。在谈了广告、书评、书话的基本概念后，他说："显然，书评不能等同于书广告。从形式上看，书广告不是以文章而是以广告的形式在报刊上出现。……书评则更多是以文章的形式出现。从介绍的内容上看，书广告往往扬长避短，只往好处说。正如鲁迅在《为半农题记何典后作》中说的：'既要印卖（书），自然想多销，既想多销，自然要做广告，既要广告，自然要说好，难道自己印了书，即发广告说这书很无聊，请列位不必看么？'避免进行全面、客观、公正、有理论分析的价值判断，这显然是与书评写作的根本区别。"又说："与书广告相比较，书话更多的是从学理角度进入。……书广告尽管也着眼于书，但撰写者挖空心思写广告的目的是来刺激读者的购买欲，时常有文字华丽，言过其实，夸大其辞等毛病，书话则具有独特的审美品格。书话作者以'书'为对象，信笔写来，闲适的笔墨中具有浓郁的文化内蕴和知识含量。书话不但有书卷气，还有文体美。"从以上这三者的比较中，我们可以看到它们之间有很大的差别。然同中有异，异中有同。

在某种意义上,我认为它们都有一种广告的作用,其目的都是想引导读者对书的仰慕和喜爱,进而去买书读书,满足自己的阅读兴趣。这就是广告、书评、书话的基本功能。

成玉曰:彭林祥先生在武汉大学读博时,我们在网上相识。他说他在导师金宏宇的推荐下读了拙著《书话史随札》,后来又整本复印了。听到这个消息,我很感动。恰好有一次眉睫约几个书友相聚,我就请了他,送了他一本《书话史随札》。看到他今天能取得这样的成绩,我真的很高兴。

诗云:广告书评与书话,爱书读书是一家。可怜至今无人问,教我如何放得下?

九十四　地平星铁臂膊蔡福·黄岳年

在今天的读书人中，黄岳年先生向以读书种子闻名于世。所谓读书种子，大约就是书呆子。呆则迂，迂则不俗，非常人所及也。有人说，黄岳年是"中国西北读书星座"，还有人说黄岳年乃"河西第一读书种子"。黄岳年爱读书，出版有《弱水书话》《弱水读书记》《书林疏叶》《水西流集》等，读书种子，名不虚传。

张阿泉甚至提出一个"弱水主义"，他说具体含义即"我所读的书并不多，就像从大海里舀出一瓢水"。原来黄岳年的两本书都有"弱水"二字，而弱水乃是流经他家乡甘肃张掖境内的一条河。王稼句说，弱水有两层含义，一是"水浅"，一是"弱水三千，取一瓢饮"。张阿泉认为后一层最妙。

  黄岳年乃书林高手，至少在《书林疏叶》（内蒙古教育出版社，二〇一一年四月版）一书中略见一斑。他由古而今，谈谷林、黄裳、周作人、龚明德、止庵等，别具慧眼。例如《关于黄裳》一文中的第四节：苦雨斋与来燕榭。他说："黄裳与知堂，读书的时候不大好绕过。"接下来，他摘引了几位作者的原文，稍加点评，境界全出。如："语涉酸刻，却中的不远。"如："话不好听，也不一定全对。"他说："苦雨斋与来燕榭都是难以割舍的，我们且读着，消受着，是非老去日月新，到处逢人说项斯。贤者的书，是有益的精神食粮。"他有这样一份宽厚之心，乃读书人之福也。

  成玉曰：当年黄岳年以"弱水月年"之笔纵横"天涯"时，我对网络几无所知。后来学写博客，黄岳年又转战"新浪"，在不期而遇中我们相识了。承他错爱，先是寄《书林疏叶》，后又寄《水西流集》，我读后写了一篇《读书种子黄岳年》。虽然我们相隔万里，但他的读书与我的杂览颇有相似之处，都喜欢古典，不忘现代。他读书精细，在别人不经意处往往能有所发现。其文笔细腻，恰到好处，我自愧不如也。

  诗云：弱水常取一瓢饮，漫卷诗书说古今。温柔敦厚存师道，桃李不言自成春。

九十五　地损星一枝花蔡庆·蔡家园

　　蔡家园是一个引人注目的青年学者，在多年的编辑生涯中，他热爱读书，关注经典，善于在书与人中寻找现代精神的后花园，有一种学者的人间情怀。著有《活色生香——文学经典插画考》《书之书》《与图书馆约会》，被读书人誉为"书林三部曲"。特别是《书之书》，一经出版，洛阳纸贵，乃至出现了关于"书之书"的评论热潮。由书话而"书之书"，进一步拓展了书话写作的范围，为书话的发展打开了一个新的空间。

　　由"书之书"而书话，他说："关于书话写作，我比较赞同唐弢先生的观点，应该有一点思想，有一点知识，有一点趣味，有一点抒情，有一点文采。书话应该是开放性的，可以是书评，可以是序跋，可以是掌故，可以是随笔，只要聚焦于书，话书人书情书事书史书识，皆可谓之书话。另外，我反对陷入故纸堆里读死书，也反对障目塞耳写死文章。书海茫茫，彼岸何在？书话应该与时代保持紧密的对话关系，由书而见社会，见人生，见精神，所谓小小书话大乾坤，唯其如此，方能去掉酸腐气与冬烘气，而使之馨香幽远、愉目慧心。作为一种文体样式，书话既要有一定边界，固其本色，又要做到无边界，海纳百川，这样才能保持其鲜活的生命力。"（《关于〈书之书〉及书话——致王成玉先生》）

成玉曰：记得有一次与他闲谈，当说到《书之书》时，他说本来不叫这个名字的，是出版商在一股"书之书"的浪潮中用了这个书名，虽然不能说是歪打正着，但精明的书商却瞄准了这个出版商机，推波助澜也。然而，我们从蔡家园《书之书》中似乎可以得到一些启示，例如书房、书店、书商、书架、藏书票、图书馆等，借以打开眼界融各种学问于一炉，在回忆和故事中借鉴小说的笔法，评论的手段，使其有随笔的情趣，诗词的美感，将书与人的悲欢离合及家国身世之感，用温馨而又略带感伤的笔调，把书话独特的"苦趣"表现出来。我这里再强调一下，一篇耐读的书话，必须有个性，不能人云亦云。就书话来说，文体的嬗变在社会的发展中是有一定规律的。既要体现时代精神，又要有自己独特的魅力。虽然"有一变必有一弊"，但时代却要求"当代之新声"。书话要从书斋走向民间，走向更广大的读者，就必须适应某种变化，所谓"变则通，通则久"也。

诗云：书话又云书之书，有变乃大显活力。与时俱进我来迟，新声新调别有趣。

九十六　地奴星催命判官李立·安武林

安武林是著名的儿童文学作家和评论家，其著作等身，据说都快一百部了。这样的成就，真是令人望洋兴叹。他为什么会有今天这样的风采？原来他爱读书，是一个书痴书虫。近年来，他的《爱读书》和《读书如同玩核桃》，几乎成了读书界的一道风景。他和孙卫卫不仅引领风骚，更是一对爱读书和喜欢书的好兄弟。人人皆知也。

颇有意思的是，曹文轩教授那一篇《做一个喜欢书和爱读书的人》，一序两用，趣说安武林和孙卫卫的两本书，介绍了他们二人的读书之声。他说："武林和卫卫的文字，相映成趣，相得益彰，是一种近乎完美的互补，卫卫的文字恬淡、平和，武林的文字抒情、激荡，读卫卫的文字会让人很平静，读武林的文字让人有燃烧。他们的性格，他们的文字都是有着天然之别的，但对书的爱和执着，却是高度一致的。我不能不说，他们有着古代文人雅士的那种雅好。一起淘书，还彼此同题作文，令人艳羡。我想，这应该是喧嚣的尘世中的一处温馨而又别致的风景。书，本来就是风景。"到底是名教授，又是著名作家，乃知者之言也。他说安武林的书评和别人的书评有所不同，能够发现别人看不到的东西，而且别具一格，是很好的散文和随笔。

安武林在"跋二"中说："这个时代的阅读充满了人云亦云的喧嚣，很少有那种自由阅读和独立的阅读。我们很需要那种具有独立见解的东西，需要独特的声音。"更有趣的是，孙卫卫在"跋一"中说："他读的书多而杂，我敢说，在中国所有儿童文学作家中，他的阅读量和阅读的广泛性可以排在前几位。"这也许就是安武林著作等身的原因之一吧。

安武林在《书边杂写》中说："书话，不管是平淡的朴素的，还是文采飞扬的，我都喜欢，唯一不喜欢的，就是太专业，太晦涩，不要把评论搞成理论，不要把书评搞成文艺评论，板着面孔，故作高深和权威的，没有平易性质的书话，我一般是不读的。"（见《读书如同玩核桃》）他对书评更是有自己的独到之见："一个优秀的书评人应该是一个大量阅读的人，不是那种很少有时间读书的人。是那种对好书酷爱如命的人，对书怀有特殊的强烈的爱的人，而不是忙于别的事，偶尔对书投去一瞥的人。书评家的素质，应该比那些作家、理论家、批评家更高一些。"（见《书评和书评家》）

成玉曰： 不说别的，仅仅是安武林先生对书话和书评的见解，就很令人佩服。我们现在还有这样爱书如命的书评家吗？萧乾先生当年呼唤的书评家，姗姗来迟，书评不成"家"也。

诗云： 武林原来是书虫，大侠风范谁与同？读书如同玩核桃，著作等身笔雕龙。

九十七　地察星青眼虎李云·孙卫卫

孙卫卫是著名的儿童文学作家,也是一个喜欢书的书痴书迷。用安武林的话来说,就是嗜书如命。他的《喜欢书》(江西高校出版社,二〇一二年六月版)一出版,就好评如潮。这本书用日记的形式记录了他五年来买书、访书、淘书、读书的经历,其书香迷人,亲切有味,与安武林并为儿童文学作家的"一代双骄"。说《喜欢书》是"爱书人的宣言",似不为过也。

曹文轩在《做一个喜欢书和爱书人》的序中说:"我对爱好书的人一向是高看一眼的,觉得他们的爱和坚守,在这个时代有一种非凡的意义和价值。……卫卫的《喜欢书》,收录的大都是卫卫和书有关的日记。或读书、或买书、或淘书、或爱书、或赠书、或想书等等,看到他的日记,我甚至想到了一个美好的词语：书生活，卫卫的全部生活似乎都和书有关。可以说，卫卫是一个沐浴书香的人。"作家不一定都爱书，但爱书的作家，一定会是个好作家。徐鲁说："我很喜欢孙卫卫的这类书话。这些文字干干净净，清清爽爽，不枝不蔓，不飘不野，不刻意追求什么高深，清浅而有韵致，字里行间飘逸着一种淡淡的书香。……素朴而雅洁，可谓书话散文丛里的'逸品'。"

成玉曰：继《喜欢书》后，孙卫卫又出版了一本《书香，少年时》。我开始还不大相信一个儿童文学作家竟如此痴迷于书。承他厚爱，两书一起寄我阅读。看到这些弥漫在字里行间的书香文字，真让人惊叹不已。他来信说，这本书不是书话。我回复说，写得很好，书话就是讲书与人的故事。他可能以为他的这本书谈的都是新书，不像别人的书那样，在稀见的老版本中钩沉史料说一些掌故逸闻。但我以为，重要的是，不论新书旧书，书话要有"书与人"的故事，包括买书、访书、淘书以及与书的种种际遇。这样的书话才能接近普通的读书人，才能引起读者的共鸣，特别是少年儿童，培养读书种子最为重要，在有趣味的故事中，引导他们喜欢书，爱读书，更是我们作家的历史使命。

诗云：青灯有味艳阳天，风暖书香正少年。日记书事多趣味，精彩动人一篇篇。

九十八　地恶星没面目焦挺·卢礼阳

卢礼阳先生是《温州读书报》主编，也是一位有思想有担当的读书人。二〇一四年第一期是《温州读书报》两百期纪念专刊，除增刊八版外，还举办了"'润物细无声'——《温州读书报》两百期回顾展"，特邀朱正、周振鹤等五位嘉宾做客籀园讲坛。一个地方图书馆具有如此迷人的魅力，乃学林盛事也。

据卢礼阳《〈马叙伦〉出版前后》（《梧桐影》二〇一二年第二期）一文，他原来乃是在渔政部门工作，后来写作出版了《马叙伦》一书，得到很多专家学者的赞赏，才调入温州图书馆，主编《温州读书报》。他说："如今我调入温州图书馆已经十一个年头，能够如愿以偿从事自己适合的工作，也离不开这本习作。……这一天，二〇〇一年五月二十三日，就成为我人生的转折点。"有志者事竟成，卢礼阳主编《温州读书报》，乃读者之福也。在两百期之前，他们搞了一个"我与《温州读书报》"的征文，真是名家云集，气象万千。很多征文都叙述了他们与《温州读书报》的情谊和故事。读者卢润祥说："一份有文化担当与历史传承的读书报，凸现的人文精神提升了阅读的神圣，是对文明的礼赞与彰显。祝贺贵报更上层楼，以嘉惠读者！同时，报纸也注意作者的培养，给我不少帮助，在此深表谢意！"他的这些话说出了我们读者的心声。

成玉曰：不知是哪一位好心的书友牵线搭桥，使我认识了《温州读书报》，而且他们是每期必寄。我知道自己才疏学浅，迟迟不敢给他们投稿。但卢礼阳先生对我倍加厚爱，多次鼓励并刊发拙文，我受之有愧也。我说过，一个好的编辑，发现和培养新人乃职责之一。温州这个地方，向来人文鼎盛，传统悠久，有一种很强烈的"事功"精神，多豪杰果敢之士。卢礼阳先生承先辈之遗风，发挥地方文化特色，整理地方文献资料，使一大批在全国有影响的历史人物再次成为读书人关注的焦点，卢礼阳还整理过《蒋叔南集》等。这种坚忍不拔的精神，这种持之以恒的追求，真令人感动也。

诗云：籀园讲坛名家多，瓯风润物壮山河。寄语主编卢礼阳，一人辛苦万人乐。

九十九　地丑星石将军石勇·徐玉福

徐玉福先生执行主编的《悦读时代》，在当今读书民刊中很有自己的特色。除了容量大、信息多、文章美之外，由他撰写的《阅读联话》，别树一帜，惊艳夺目。诗话、词话、曲话、联话，是传统"诗文评"中最具中国特色的一种文学批评的样式。但时至今日，在西方文论的强势下，几乎失去了自己的话语权。值此之际，读徐玉福先生的这些"联话"，就感到格外的亲切有味。独上高楼，阅尽春色矣。

我们过去有《楹联丛话》《对联话》以及张伯驹先生的《素月楼联话》等，徐玉福的"联话"以近现代人物为主，与其说是"联话"，还不如说是就这一形式所写的人物小传。例如写锺叔河，由"念楼"说起。引锺叔河《念楼说》云："念便是廿，念楼便是我住的二十楼。桐乡叶瑜荪君精镌的二字匾额，遂陈于客厅。另求长沙雷宜梓君为制一仿铜件，固定在门外。"锺叔河又取梁启超集宋词联，请张中行书写。联云："更能消几番风雨，最可惜一片江山。"张中行说："我的体会，他不是为己身打算，有什么牢骚，而是有悲天悯人之怀，总想到大处。……古人志在正心、诚意、修身、齐家、治国、平天下，我是至多走到一半就停止了，或者不止于量而兼质，我之所求只是罗汉果，他则是一贯修菩萨行。我是小乘，他是大乘，每念及此，不禁有高山仰止之叹。"

又如写黄裳，也是从"来燕榭"写起。黄裳说："旧日游嘉兴，见一景题此名，颇爱之，遂取以名住处。"徐玉福说，除此之外，可能还与其夫人小名"小燕"有关。此乃点睛之笔也。钱锺书曾戏赠黄裳一联云："遍求善本痴婆子，难得佳人甜姐儿。"此中掌故，徐玉福娓娓道来。黄裳痴书迷书，徐森玉手书一联云："白酒酿成因好客，黄金散尽为收书。"据说"来燕榭"一度还曾悬清人巴慰祖隶书联："香浮深院梅华发，昼静疏帘燕语频。"又是一个"燕"字，风流自赏也。

成玉曰：要不是《悦读时代》徐玉福先生与我联系，要我说几句话，恐怕无缘读其大作。我自知才疏学浅，一向不敢与别人联系，后来他寄赠了十六期《悦读时代》，相见恨晚矣。他主编《悦读时代》之余，又写作这些"联话"，虽然不敢说是空谷足音，至少在当代，能致力于"联话"写作的人怕是不多了。十五年前，他就编注出版《妈祖庙宇对联》一书，最近他来信说，他和龚联寿共同主编的《楹联纪事》(四百五十万字)即将由江苏凤凰出版社出版。又"谬撰一联赠老师"云:"成文自古称三上,玉律于今彻九天。"原来成玉在此也。

诗云:不薄今人爱古人,趣写联话有诗魂。阅读不因时代改,于无声处见精神。

一〇〇　地数星小尉迟孙新·理洵

　　理洵是长安读书人。长安多古风，故其斋名有"新雨堂"之称。"雨"乃《世说新语》之"语"也。因喜读《世说新语》，其《与书为徒》和《猎书记》二书，虽记书事，但多涉及人物，不像一般买书淘书，在这些书人书事中，或抄、或引，都有自己的读书心得。久而化之，仿佛他自己也成了一个《世说新语》中的人了。

　　朱晓剑在《猎书记》的"推荐语"中说："访书、看书，都是很风雅的事，有种说法干脆称之为'嗜书瘾君子'，那一种状态，理洵也是有的，他对书的感情，真是丰富。他的这些文字，也不完全是讲猎书的故事，更多的是将人情世态、世间百态都融入了进来，从书里来，回归到书里去，这是一种生活,看似简单,却孕育了无数的学问……我相信,多年以后,也会成为书界佳话。"其实,这本书与其叫《猎书记》,还不如说是《读书记》,因为实实在在的他在读书,而不是那种见"猎"心喜,一目十行,飘浮而过。虽然很多时候只是片言只语,其实都是很有学问的文字。

万康平《读理洵》说:"理洵的书事文章,有自己的所在,其于文字,其于文字背后的闲雅性情和偶露山水的襟怀与思想,不仅仅是精彩。他写作上突破了日记体,以某个时段的书事作一个篇章布局,穿插购书情境、读书思考以及月旦点评,有如电影蒙太奇的感觉。一章书事读下来,对他所见所叙所思会有一个整体的把握,富春山居,作合璧观,理洵有理洵的气象。"又说:"理洵厚积学问,沉淀出安稳自逸的人格性情;薄发笔端,流出的是人闲花落般的笔墨文章。不知道他写不写散文,《猎书记》中,偶有他随兴而来的散文笔触,增添了他书事文字的好景致。"

成玉曰:那天收到理洵先生的《猎书记》,很喜欢他这样的文字。他的好处,我只能在阅读中享受,不敢动笔写一篇介绍文字。珠玉在前,我则岂敢?后来我在博客上写了一篇《与理洵先生书》,略表向往之意。理洵是一个有学问的读书人,他说董桥、说陆灏等,修修有文,一语中的,理之洵然,至少在我是"眼前有景道不得"矣。这样的读书人在今天这个浮躁的社会,最是难能可贵。多乎哉,不多也。

诗云:胸中海岳梦中飞,古城书影常相随。新雨堂中风雅事,嗜书成痴日日醉。

一〇一　地阴星母大虫顾大嫂·李传新

李传新先生是一位爱书家,买书淘书读书藏书,与书打了一辈子交道,后来又编《书友》和《崇文》读书民刊。与众不同的是,他特别喜爱十七年(一九四九——一九六六)文学作品的初版本。在长期的研究中,他对这些饱经沧桑的初版本以及变迁的过程产生了浓厚的兴趣,写了很多这方面的文章,后来结集出版了一本《初版本——建国初期畅销图书初版本记录解说》,正如本书封底所言:"过去的人,过去的书,斑驳的书影记录着岁月的沧桑,但挥之不去的记忆深处,总是在不经意间盈上心头,让指尖不自觉地去触碰书脚泛黄的纸边……"

在今天这个健忘的时代,当很多文学经典不再经典的时候,这些十七年的初版本的研究到底还有什么样的意义呢?他在本书序言中从三个方面展开了自己的论述。一、阅读。他说："相当多的作品是作者的成名作和第一本书，具备情趣，有的仅有一次刷本……现在读到的重版文学作品经过多次修订，与初版本存在一定的差异，从我们的阅读心理来说，当然更愿意看到初版本的文字。"二、欣赏。主要从书封的设计风格为作品内容服务这一鲜明特点，说这些版本及插图具有不可复制性。三、收藏。他说能得到真正的初版本并非易事，"一版一印"不等于初版本等。本书虽然只是一部"初版本记录解说"，但抛砖引玉，功不可没。

成玉曰：记得十年前，《书友》在一百期的时候搞了一个征文，他们向我约稿。我那时下岗失业到处打工，这是我一生中最困难的时期。因此前曾给他们投过稿，也发表过几篇，他们以为我是读书人。盛情难却之下，我写了一篇《天下何必说书香》，没有想到竟然还发表了。读了几十年的书，又遇到这样的困境，我哪有什么心情谈书香呢？文章发表后，我曾剪下夹在一本书中，但现在怎么找也找不着了。可能是后来我卖书时一起卖掉了吧，现在我也不知道这篇文章写了一些什么。今天读李传新先生的书，偶然忆及过去的事，如梦如烟也。

诗云：藏书痴迷初版本，拥书闲读见精神。一分证据一分话，溯源探流欲存真。

一〇二　地刑星菜园子张青·姜晓铭

姜晓铭先生是一个读书人，他远离名利场，爱书如痴，读书不辍，窗前灯下常自足。其实说起来，这年头读书人好像也不少，但像他那样诚诚朴朴者，亦稀矣。试看今日之书界，读书人形形色色，争名好利者并不鲜见，很多人因读书而成名，又因成名而放弃读书，乃敲门砖耳。姜晓铭读书几十年风雨不改，一部《积树居话书》，记录了他买书、藏书、读书以及访友问学的经历，很不寻常也。

朱晓剑说："书话也好，读书随笔也罢，不管如何称呼，这样的文字现在颇为流行，但要说写得出彩，好看，却也是十分难得。在理论家看来，追求的是文本价值、思想之类的，而在爱书家眼里，这样的文字最好是见性情，写得有趣味，才是令人叫好、耐读。……《积树居话书》内容上看似波澜不惊，实在是这其间蕴藏着对爱书家的礼赞。"说得很不错，读姜晓铭的书，总有一种温暖在感动我们。他在后记中说："人是要懂得感恩的，只有懂得感恩的和珍惜的人，才会拥有幸福，在人生的道路上因为有他们的帮助，我感到温暖。读自己喜欢的书，做自己喜欢做的事，总是快乐的。"他这句话很有境界，有一种传统的精神，读书乃做人也。

成玉曰：我与姜晓铭先生因书结缘，读他的书，我写过一篇《诚诚朴朴的读书人》。那天我突然接到他打来的电话，他说他想转载我这篇博文。我当时大吃一惊，极为感动。本来拙文就是写给朋友们看的，互相转载朋友们的文章，乃是友谊的见证，没想到他转载前还事先问我能不能转载，我这才感到他真是一个珍惜友情懂得感恩的人。怪不得他有那么多的朋友，怪不得那么多的朋友给他那么多的帮助。今天我在这里写"点将录"，不能没有这位诚诚朴朴的姜晓铭先生，想见其人，有谦谦古君子之风也。

诗云：积树话书表衷肠，江南花开人共赏。最是诚朴人不及，道是寻常不寻常。

一〇三　地壮星母夜叉孙二娘·王金魁

据说王金魁先生创办的《书简》是全国唯一的以书简命名的杂志，而且还是一本民刊，怪不得周同宾说："王金魁这小子，真有股傻劲儿，创办民刊《书简》，坚持八度寒暑，印行十七辑，向全国各界人士赠寄近六万册。……只为续书信文化一脉香烟。他的坚持真有几分悲壮。"（《简堂书简》序）书简又叫书信或尺牍，是中国文学中的一朵奇葩。巴山夜雨，西窗剪烛。十里传情，如在目前，向为文人所重。自司马迁《报任安书》以来，名作如山，光耀神州，历代名人书信传世者多矣。

《简堂简语》是王金魁编著的一本书信集，荟萃了很多全国名家大家与他在二〇〇三年至二〇一一年间的通信书札，具有很高的历史价值和文学价值，特别是徐中玉、屠岸等人的序文以及王瑜逊、任继愈、周退密等人的题词，弥足珍贵。不仅如此，书中还收录了大量的名家墨宝和人物图像，所谓"谈笑有鸿儒，往来无白丁"也。关于书简文化，名家之述备矣。

成玉曰：不知是什么原因，有一天我突然收到王金魁寄来的几本《书简》，此前我与他没有任何联系。随手翻阅，里面与他通信的全是名家大家，而我乃无名之辈也。后来一位书友告诉我，是王金魁找他要了我的地址。当今之世，还有这样一本民刊，乃幸事也。书信与日记乃我心爱之物耳。我曾写过几篇"论学书简"，后来在《藏书报》上还发表过几篇。中国文论中有很多名篇，都出自书简。过去老辈读书治学，最重书简。例如学者钱穆致余英时以及王元化的《清园书简》等，都有很精辟的治学经验和学术见解。我自知才疏学浅，又不能不表达我对他的这种深情厚谊，于是就给他写了一封信。他在回复中又寄来这本《简堂简语》和《锥画沙》，我受之有愧也。一个人能将自己辛勤劳动的收获供他人欣赏，至少在这个意义上，比起那些把书当纯粹商品而秘不示人的所谓读书人要高明得多，这是我写《书话点将录》把王金魁列于其中的一个重要原因。

诗云：简堂简语锥画沙，学林盛事叹奇葩。百余名流齐挥笔，文坛今日传佳话。

一〇四　地劣星霍闪婆王定六·易卫东

易卫东先生是一位高中数学教师，课余好读闲书，以聚书为乐，爱好书话，创作有日记体书话《戊子读书记》《有不读斋日记》等。这是他出版的《学步集》（中国戏剧出版社，二〇一三年五月版）中的一段介绍。一个数学教师喜欢读闲书，这种非专业的读书成果，最令人肃然起敬，真是不容易也。

《学步集》自序说："我的本职是在中学里教书，讲的是学生深以为苦的高中数学，这个职业费神耗力，课余闲读消遣，聚书为乐；如你所知，寒斋不可能藏有什么稀见的版本，我读的都是自己兴趣所致目力所及的书，读有所感，也只是想说自己想说的话，而不是把书话写成应酬的话。我觉得读书随笔里应该表现'我'而不只见到'书'，所以我的文字想写出'读书的我和我读的书'。"这一段话很耐人寻味，特别是表现"我"和"只是想说自己想说的话"。他说业余读些闲书，不为考试，不写书评，只想做一个普通读者。这些话真是可圈可点，境界全出矣。他还说："一本书就是一个故事，一本书就是一段历史，书籍的流传聚散，承载着书的主人的情感和爱恋，书事和书缘，演绎人间最纯净的一种情意，值得记忆，值得珍藏。"(《书痴的爱情》)

成玉曰：收到易卫东先生寄来的《学步集》后，我写了一篇《为书话一辩》(《开卷》二〇一四年第二期)，要说书话还有什么秘诀的话，他这本书就告诉我们了。我在此文最后一段中说："当'史料派'书话成为今天写作的主流，当我们的报刊和出版社在'民国热'中极力推崇这种'史料派'，当很多人误以为'史料派'就是书话的时候，我们的那些真正的具有经典意义的书话写作范式就花果飘零了。至少在这个意义上，易卫东的这本书，虽然在某些方面还不够深入，很多'故事'还没有充分的展开和表达，没有更多的'掌故'和'史料'，但篇篇'有我'，篇篇有'故事'，这就是书话。"

诗云：有不读斋读闲书，远别捡漏语录体。一书一花一世界，书中有我只为趣。

一〇五　地健星险道神郁保四·董国和

《温州读书报》有一个专栏叫"百堂话书",作者乃著名的文史专家董国和先生。百堂,乃"百刊堂"也。用作者的话来说,即"旧书烂刊"。在"寻找光明"中,董国和先生写了一部《丁酉文厄录——被遗忘的"右派"往事》(自印本)。千秋功罪,谁人评说。唏嘘一叹,不忍卒读也。

谢泳在给董国和"序"中说:"国和先生不是一位职业研究者,但他的研究相当专业。他能选择文艺界的'右派'来作为自己梳理历史的一个视角,此等识见,说实话,许多专业学者还不具备。我们多的是国家课题而研究并以此为荣,而国和先生的研究工作则是出于兴趣和对历史真相的探究,没有什么简单的功利目的。近年中国现当代历史研究中有一个现象,即好的历史研究多数不是国家课题，好的历史读物，多出于非学院作家之手，在这个行列中，国和先生当算是一位后起作者。"董国和在"后记"中坦承，他的这部书得益于谢泳的"鼓与呼"。他说我在书话写作上能走到今天，应当感谢众多师友的提携帮助。"百堂话书"，乃书话也，或者说是一种大书话。

书话走到今天，在发展和变化中出现了一些有趣的现象，"大书话"乃为其一。董国和写过一篇《放言"大书话"》，就龚明德《有些事，要弄清楚》一文，阐释了"大书话"的内涵。他说："何为'大书话'？按龚先生的说法，所谓'大书话'，相对于'浅阅读'后随手赶写出来的书话也就是'小书话'而言，它就是'把一部作品尽量说明白'的'书话'，而不是'知道什么就随手写点儿什么的即兴文字'。有此追求，就得别把读书当作任务，要坦然放下功利心乃至进取心，只留下好奇心，以完全悠闲的态度，仔细而缓慢地享受阅读的美妙过程。有此心态，所写书话就有了灵性和韵味，也有了质感与张力，却没有了'再说的空间'，更不会出现误导。……以篇幅论，它与'千把两千字'的'小书话'相比，确有资格称其'大'。但'大书话'并不是以字数多少排座次，而是以内容充实、严谨可信论英雄。按龚先生所说，这还得具备两个要件，一是'备料'要充足，二是阅读要'深'入。有此，所写文字才能让人信服。这与'即兴文字'相比，除了有深与浅的区别，还有雅与俗的追求，彰显着不同的心态。"

成玉曰：我与董国和先生结缘，乃"不打不相识"也。记得我曾在一篇博文中引用了他在《温州读书报》上《韩石山服膺张石山》的一段话,后来又在《包商时报》看到这句话有些不一样,于是提出了自己的一点看法。没想到卢礼阳先生特将此转给了他,他来信说《包商时报》上的是个修改稿,并说要吸取教训等。我回复说,这种情况我们都有过,注意一下即可。就这样我们相识了,并收到他寄来的大著《丁酉文厄录》,乃奇书也。

诗云:百堂旧书话文厄,悲歌一曲震山河。沉吟欲说当年事,一路风雨坎坷多。

一〇六　地耗星白日鼠白胜·薛原

以书店书房为题，薛原先生在万方多难中编辑出版了《独立书店，你好!》《如此书房》等读书人关注的书，产生了深远的影响。这些书反映了读书人在现实生活中的生存状况，关注了独立书店的独立精神。书店是传承文化和交流的一个重要窗口，书房是读书人安身立命之处。在书房里读书，在书房里思考，在书房里发呆，是读书人的一种精神追求和梦想。然时至今日，独立书店越来越少了，读书人越来越不读书了。

什么是独立书店，刘苏里说："我理解的独立书店，应具备三个特点：一是无所依附，二是人文观点，三是持之以恒。三足鼎立，无往不胜。"然而，至少在今天，要做到这三点，谈何容易。传统的独立书店在网络的冲击下，出现各种危机，虽然沧海横流方显出独立本色，但事实证明，不容乐观也。

薛原说："尽管网络改变了我们的生活，但对于许多读书人来说，即便与时俱进适应了网络带来的便利，但依然习惯或期待一间属于自己的书房。在书房里读书，不仅是为阅读，更是一种生活。"这种生活，也许就是林少华在《窥海斋记》中所说的："凡此旧书新书土书洋书会师在书房之内，与之朝夕相处，与之呼吸与共。风来涛声入耳，子夜明月半窗，使我在滚滚红尘中得以保持一份心灵的宁静和纯净的遐思，保持一份中国读书人不屑于趋炎附势的孤高情怀和激浊扬清的勇气，而这是办公室、会议厅、酒吧、咖啡馆以至度假村等别的场所难以带给自己的。"

成玉曰：知道薛原先生，大约是在读了那一年成都全国民间读书年会的相关信息，或者说是一种误会吧。薛原先生以率直的个性拍案而起，与龚明德有了一个小小的笔仗。我那时好像在博客上写了几个字，不论是非，很欣赏他的这种直言不讳的勇气。后来就与他有了一些交流，我曾就写作和出版中的某些问题向他请教，虽然他的回答我并不完全赞同，但在今天这个商业社会，他并没有错。之后，他说他正在编《如此书房》（第二季），希望我能供稿。薛原先生是一个编辑，一个著名的出版人，也是一位书林高手。青岛有一个"我们书房"，薛原先生在这里喝茶、聊天、读书、写字和编书，其所编之书以及自著《闲话文人》《海上日记》等，深得读书人好评。

诗云：独立书店历沧桑，安身立命筑书房。莫怪文人闲话多，字字声声吐衷肠。

一〇七　地贼星鼓上蚤时迁·徐鲁

徐鲁先生以自己的著作和影响,曾在网络上被读书人评为"当代中国十大才子"(二〇〇七年),另九位是:孔庆东、止庵、余华、罗文华、苏童、叶兆言、徐雁、王稼句、伍立杨。虽然对此有不同的声音,但在某种意义上大体还是名副其实的。就书话随笔来说,徐鲁著有《书房斜阳》《剑桥的书香》《黄叶村读书记》等,其文字雅洁好看,清新自然,乃其特色之一。

徐鲁说,我喜欢读书。"是的,书也是我的食物。它还是我须臾不能离开的空气和水。"他在《黄叶村读书记》自序中说:"这本《黄叶村读书记》是我继《剑桥的书香》(中央编译出版社)、《恋曲与挽歌》(天津教育出版社)、《同有一个月亮》

（青岛出版社）之后的第四本书话和读书随笔。我知道，我的文字是感性的，注重文学感觉，而不是学理价值；对书籍的选择也颇随意，听任个人偏爱。"这种"述而不作"的观感和印象，也许是他的特色吧。读徐鲁的书话随笔，似乎少了一点历史的沧桑感。感性的文字，如果没有"学理价值"，可能就传之不远。我们现在有很多这样的文字，读过之后没有很深的印象，这大约就是不耐读的原因吧。当然，徐鲁先生的主要贡献是在儿童文学上，他与儿童文学打了几十年的交道，是著名的儿童文学作家和评论家。

徐鲁在《书与人絮语》（四）中说："试以晦庵书话与新时期的黄裳书话、孙犁书话、陈原书话、倪墨炎书话、姜德明书话相比较，明显可以感到，'后来居上'已成事实。后来者无论思想还是行文，大都能开合自如，或如自由灵动之鸟，跃然书衣之上。没有《晦庵书话》之源头，当然也就没有后来的诸位书话家的波澜壮阔。饮水能不思源！"这里的"后来居上"好像并不很准确，除了倪墨炎和姜德明稍晚外，其他的都是同时代人。其实，所谓后来居上，应该说是后继无人了。当然，这主要是时代的原因，不敢苛求也。

成玉曰：我与徐鲁先生咫尺天涯，我认识他，但他不一定认识我。十年前，我在周翼南先生家聊天，临走时，他托我送书给徐鲁，那天送去后，茶也没喝一口，就匆匆而别。另一次是在眉睫婚礼庆典上，他好像是代表单位领导讲话，我们依然没机会相识。两次相遇而不知交往，乃我之过也。这些年来，他写书话，颇有好评。然"清丽"有余而"内敛"不足，风云气少而不耐读也。书话当以"苦趣"为上，他者次之，然得其真传者少矣。近日在书店看到他编选的《我本楚狂人——熊召政研究文选》（精装，上下册，崇文书局，二〇一三年十一月版），总有一种说不出的滋味，好一个"狂人"，惟楚有材乎！

诗云：家在江南黄叶村，剪风裁雨笔有神。大书小书任我读，东湖听涛好著文。

一○八　地狗星金毛犬段景住·夏春锦

　　夏春锦先生是桐乡的一个爱书人，他不仅爱书，还写书，编《梧桐影》读书民刊。这些可爱的读书人，真是出手不凡，一经问世，名震文坛。被读者称为"梧桐影迷"（宋光青语），迷倒了很多读书人，包括那些名家大家无不为之叫好。夏春锦自《悦读散记》后，又出版了一本《桐荫话书》（梧桐阅社二○一四年出品），还编辑了一本《桐溪书声——〈梧桐影〉文选》。

　　罗文华说："《桐溪书声——〈梧桐影〉文选》日前由海豚出版社出版发行，也是近期民间读书界的一件喜事。该书为精装本，比较厚重，是有'鱼米之乡'兼'文化之邦'美誉的浙江的一件喜事。……以'桐溪书声'为书名，表明此书是读书文化与乡邦文化相结合的结晶。在第十一届全国民间读书年会上，我第一次见到神交已久的《梧桐影》杂志主编夏春锦先生，他是一位虔诚而勤勉的青年学者和藏书家，这样的年轻人成为民间读书活动的骨干力量，中国读书界大有希望。"

《梧桐话书》有一篇《〈茅盾书话〉里的"三味"》。他说这本《茅盾书话》（海燕出版社，二〇一二年七月版）不是茅盾写的书话被单独出版，而是作者钟桂松就茅盾的著作写的专题书话集。"《茅盾书话》除了专题书话这个特色外，其文字中隐含着的'三味'值得一说"。所谓"三味"，即趣味、情味、意味，他说这是一部"带有故事性"的书话。"表现了作者行文中对自己以往的淘书、读书生活的点滴回顾，书中穿插了不少茅盾各种著作的书影，从文字中可以知道作者一直在痴情地搜集着茅盾著作的各种版本，其间发生的书人书事、书缘书情，酸、甜、苦、辣，亦为这一束书香文字添趣不少。"就书话论，夏春锦说的这"三味"，庶几近之。有"故事"又有"趣味"，乃书话真谛也。

该书后记说："我这个小册子收录的是近年写的与桐乡文献有关的读书文字。桐乡即梧桐之乡，本土的梧桐虽不见了踪影，但法国梧桐却遍植我乡，盛夏时，梧桐的圆叶遮天蔽日，投下的一片树荫好不清凉，梧桐绿荫下读书，当别有一番滋味，桐荫亦即梧桐影子也。"

成玉曰：我读夏春锦及《梧桐影》，三复其事，总有一种说不出的感慨。天行健，君子自强不息也。

诗云：梧桐影下好读书，闯出一片新天地。吾道不孤传书香，数叶迎风万人迷。

后　记

　　说起《书话点将录》，那时与万康平先生闲聊写作这部书稿时，我就知道，在西方文学理论和文学批评强势的话语下，在我们的论文论著以西方为标准的今天，所谓"点将录"本身就是一件吃力不讨好的事。要在几百千把字中评点人物，是很危险的，在不知不觉中也许还会得罪很多人。我虽然尽力保持自己一贯的写作风格，但由于每个人都有自己的标准，更何况我资料有限，学识浅薄，精力不济等，从这些方面来说，我都不是最适合的作者。我不敢说知我罪我其为文乎这样的话，在万方多难的今天，我不想把"点将录"写成"批评录"，因为我们的读书人太可爱了。我想到我们这些寂寞的读书人，想到我们这些传承中国文化的读书种子，我真的不忍心对他们有太苛刻的要求。我只想以这种传统的方式来赞美他们。虽然拙稿以书话为主，虽然我写不出他们的风采，虽然一定会错误百出等，我只能尽一己之力而为之。记得我曾对万康平说，这部书稿完成后，我可能洗手不干了。今天，在我完稿之际，我要对那些关心和支持我的朋友们表示衷心的感谢。在写作此稿的过程中，我得到了他们最无私的帮助，他们将自己的著作签名题跋寄给我，使我能顺利完成初稿。

试写了几篇之后，分别寄给了万康平、靳逊、汤序波、眉睫等人，承他们的厚爱，或赞赏、或批评、或建议，我受益匪浅。就在此时，冯传友先生得知这一消息后，立即表示要连载这部书稿。同时，朱晓剑等人又建议我可以在《藏书报》上连载。在王雪霞、张维祥的支持下，很顺利地上了《藏书报》。当连载成功时，黄岳年先生在《名家云集的〈包商时报〉》中说："以《书话史随札》等著作享誉书界的王成玉，是武汉书香状元。他在《包商时报》上开设'书话点将录'专栏，对今日书话进行梳理。王成玉学养深湛，磊落光明，可以预期，这个专栏的开设，将成为书香社会的别样贡献，是值得期待的事。"罗文华先生在《民间读书如火燎原》中说："近期民间读书界还有一件值得重视的事情，就是书话史专家王成玉先生开始陆续发表他的'书话点将录'系列文章，他所评述的书话家，按《水浒》一百零八将排座次，既要突出学术贡献，又要符合书话特点，还要展示个人风采。排名的过程，也是对书话史梳理的过程。特别是那些富有个性的绰号，既传统又现代，最有趣味，最引人入胜。……相信他的'书话点将录'，会对当前书话写作和阅读中存在的问题有所揭示和触动。"为此，罗文华先生又在《天津日报》给《书话点将录》开了专栏，连载了二十多篇，一时各大网站纷纷转载。

朋友们的期待，正所谓箭在弦上，不得不发也。然而惭愧的是，我的杯子很小，我写不出他们的风采。当我将部分初稿寄给王稼句先生和董宁文先生请他们审读时，得到他们的指点和支持。王稼句说："'点将'之作，清末民初有过好几篇，主要是诗坛词薮，也有说部，更有地方一隅的，一般都采用《水浒》天罡地煞的名号，先生如果这样去做，或许会吃力不讨好的，还是现在的写法比较稳妥，我在《藏书报》《包商时报》上已看到了，很有意思。先生既是个人意见，别人是奈何不得的，希望将它陆续写完。"董宁文说："……在博客上也看到你与万康平的对话，我的感觉是一件有趣且有意义的事情，诚望早日完成这个计划。你信中所说的观点非常好，我想就这样一路写下来，当可成一家之言，其他的无关议论倒不必在意。"

在写作的过程中，由于我与当代读书人相隔太远，闻声而无联系，因此，为了能体现当今书话写作的状态以及所选人物尽可能有一定的代表性，我不得不向阿滢先生和虎闱先生求救。他们不仅将自己的著作签名送给我，还帮我联系彭国梁、徐明祥、自牧、韦泱、李福眠等诸位先生。由于人物众多，我又联系了杨栋、袁滨、安武林、孙卫卫、谭宗远、徐玉福、董国和等人，得到了他们最无私的帮助。海内存知己，天涯若比邻。手捧这些珍贵的签名本，一次又一次的感动，一次又一次成为我写作的动力。我只是一个普通的读书人，一本书稿的写作能得到这么多师友的支持，何其幸也。此前，我还收到很多朋友寄来的新书签名本，在这里一并向他们表示衷心的感谢。尤其令我感到惭愧的是我们武汉的书友，近三十年来，我们在一起访书、买书、读书、藏书，在我最困难的时候，他们总是帮助我，安慰我，每有新书，总是让我先睹为快并慷慨相赠。然而，由于体例等原因，我没有写他们（《书事六记》写了一部分），还有很多闻名全国书界的大家名家，也由于我资料有限，读书不多，闻见不广，而未能入选，在此向他们表示歉意。

自拙著《书话点将录》在博客上刊布以来，点赞者有之，批评者亦有之，等等，我在这里向他们表示衷心的感谢。关于"点将录"的写作，我在《例言》和其他文字中略有表述，恕不重复。用王稼句先生的话来说，是一种吃力而不讨好的事。更何况人们对书话的认识又是各执一端，我也许只能点到为止。

记得开始写作时，曾将初稿送给几个朋友审阅，承他们的厚爱，提出了不少建设性的意见，我也因此改变了某些写法，在传统的写作中，增加了一个"成玉曰"，是想写得亲切一点。一是抒发对老一辈学人的思念之情，二是就书话表述一己之见，三是简述与朋友交往的收获，等等。

特别要说明的是，我写了一些民刊主编和年轻一辈的读书人，但在有些人看来，这些人不能进入"点将录"，他们是学者，其批评是站在学术的立场上发言的，说得也没有错。可惜，我不是学者，"点将录"也不是一部学术著作，乃一读书随笔耳。虽然旨在梳理一下书话史上有贡献的人物及各种现象，但在写作上大抵也是以书为主，以人为纲，重点并不是写人，而是写各家对书话的认识和看法。

自误入书话以来，似乎有说不完的话题。《书话史随札》出版后，又写了一些关于书话的文字，并辑为《书话识小录》（未出版），主要观点尽在其中。今天又无意闯入"点将录"，以人为纲，以书话为主，并兼及各种现象，想借此梳理一下书话发展变化的脉络以及各家之观点。

"点将录"是一种很传统的文体，是中国文学批评的一种样式，在印象批评中一枝独秀，很引人注目，当然并不好写。汪辟疆《光宣诗坛点将录》序云："一夕，被酒初醒，乃援笔逐一厘定，并各系赞语，或论人，或论诗，遇感辄书，难以例范。要之，别有事在，非无谓而作也。百年之间，国运之盛衰，人才之消长，以及诗派之变迁，略系如此。"又跋云："余雅不欲于此时流布，又以录中所评诸人，寓贬于褒，且有肆为讥弹之词，而其中人多健在，有不可留为后日见面地者，故于校稿时，稍为更易，实乘余本旨。"又云："惟陈石遗以天罡自命，而余位以地煞星首座，大为不乐。康南海但以'伤摹拟'三字致憾。夏剑丞自负甚高，而不得与于天罡之列，意亦未嫌。"盖"点将录"一体，其知人论世，亦颇为不易也。

策划

宁孜勤

主编

董宁文

开卷书坊

第一辑

开卷闲话六编	子 聪
我的歌台文坛	宋 词
纸醉书迷	张国功
书林物语	沈 津
条畅小集	严晓星
书虫日记二集	彭国梁
劫后书忆	躲 斋
寻我旧梦	鲲 西

第二辑

开卷闲话七编	子 聪
邃谷序评	来新夏
难忘王府井	姜德明
椶柿楼杂稿	扬之水
开卷有缘	桑 农
书虫日记三集	彭国梁
书虫日记四集	彭国梁
笔记	沈胜衣
我来晴好	范笑我
听雪集	许宏泉
旧书的底蕴	韦 泱
旧书陈香	徐 雁

开卷书坊 第三辑

开卷闲话八编	子聪
一些书一些人	子张
左右左	钟叔河
西窗看花漫笔	李文俊
待漏轩文存	吴奔星
自画像	陈子善
文人	周立民
我之所思	刘绪源
温暖的书缘	徐鲁
书缘深深深几许	毛乐耕

开卷书坊 第四辑

开卷闲话九编	子聪
文坛逸话	石湾
渊研楼杂忆	汤炳正
转益多师	陈尚君
退密文存	周退密
回忆中的师友群像	钱伯城
旧日文事	龚明德

开卷书坊 第五辑

开卷闲话十编	子聪
白与黄	张叹凤
拙斋书话	高克勤
雨脚集	止庵
北京往日抄	谢其章
文人影	谭宗远
云影	吴钧陶
怀土小集	王稼句

开卷书坊 第六辑

人在字里行间	子张
书话点将录	王成玉
人生不满百 ——朱健九十自述	朱健 肖欣
百札馆闲记	张瑞田
夜航船上	徐鲁
近楼书话	彭国梁